Schirner Verlag

Dieses Buch richtet sich an all diejenigen Menschen, die sich mit spirituellen Themen befassen und sich viel für ihre Mitmenschen einsetzen, sich aber nicht abgrenzen können und sich nicht oder nicht genug um sich selbst kümmern. Susanne Hühn weiß aus eigener Erfahrung, was es bedeutet, co-abhängig zu sein. In 12 Schritten erklärt sie dem Leser auf gewohnt liebevolle Art, was zu tun ist, um aus der Co-Abhängigkeit herauszukommen, und bietet ihm zahlreiche Übungen und Meditationen an. Es geht nicht darum, sich egoistisch abzugrenzen, sondern darum, anderen weiterhin helfen zu können, aber die Grenze zwischen Fürsorge und Kontrolle zu finden und sie auch einzuhalten.

Susanne Hühn, Jahrgang 1965, ist ausgebildete Lebensberaterin, ganzheitliche Physiotherapeutin und Autorin. Seit mehr als 25 Jahren begleitet sie Menschen auf dem Weg zur Gesundung. Sie gibt Lebensberatung, Channelings sowie Meditationskurse für Erwachsene und Kinder. Mit dem Schreiben begann sie vor 18 Jahren. Zuerst schrieb sie spirituelle Romane, dann begann sie, ihr Wissen in Selbsthilfebüchern und auf CDs zu vermitteln, die sie mittlerweile in großer Zahl veröffentlicht hat.

Weitere Informationen zur Autorin finden Sie unter:

www.susannehuehn.de

Susanne Hühn

Ich lasse DEINES bei dir

Co-Abhängigkeit erkennen und lösen

Schirner Verlag

ISBN Printausgabe 978-3-8434-0870-7
ISBN E-Book 978-3-8434-6046-0

Susanne Hühn:
Ich lasse DEINES bei dir
Co-Abhängigkeit erkennen und lösen

Umschlag: Murat Karaçay, Schirner,
unter Verwendung des Bildes #16171509
(Patrick P. Palej), www.fotolia.com
Redaktion und Satz: Tamara Kuhn, Schirner
Printed by: Ren Medien GmbH, Germany

www.schirner.com

10. Auflage Februar 2018

Inhalt

Die Lösungsformel

Ich danke dir für all das Gute,
das ich von dir bekommen habe.

Ich nehme es mit in meine Zukunft
und halte es in Ehren.

Und was du von mir bekommen hast,
darfst du mit in deine Zukunft nehmen.

Für das, was zwischen uns schiefgelaufen ist,
übernehme ich meinen Teil der Verantwortung,
und deinen lasse ich ganz bei dir.

Und jetzt darf es gut sein.

Einführung

Ich weiß, daß mir nichts angehört,
Als der Gedanke, der ungestört
Aus meiner Seele will fließen,
Und jeder günstige Augenblick,
Den mich ein liebendes Geschick
Von Grundaus läßt genießen.

Johann Wolfgang von Goethe

Liebe Leserin, lieber Leser,

ist dieses Buch das richtige für Sie? Brauchen Sie es, wird es Ihnen dienen? Im unnachahmlichen Bestseller von Robin Norwood, »Wenn Frauen zu sehr lieben«[1], steht sinngemäß folgender Satz: Wenn Sie bei jedem Ratgeber, der sich mit Beziehungen beschäftigt, glauben, Ihr Partner sollte ihn lesen, damit er Sie endlich lieben kann – dann ist dieses Buch genau das richtige für Sie. Denn dann sind Sie co-abhängig und sollten lernen, sich um sich selbst zu kümmern, anstatt andere zu retten oder dazu zu bringen, Sie zu mögen.

---

1 Robin Norwood: *Wenn Frauen zu sehr lieben. Die heimliche Sucht, gebraucht zu werden*. Reinbek 2009.

Und das gilt auch für dieses Buch, vorausgesetzt, die Sprache spricht Sie an. Wenn Sie sich lieber um die Probleme anderer kümmern, als Ihre eigenen Gefühle wahrzunehmen, wenn Sie mehr Entschuldigungen für andere haben, als selbst Ihre besten Freunde es akzeptabel finden, und wenn Sie feststellen, dass Sie sich um die ganze Welt kümmern, aber niemand da ist, wenn Sie mal jemanden brauchen – dann darf ich Sie hier begrüßen.

Ich bitte beim Schreiben dieses Buches ausdrücklich unsere lichtvollen Botschafter zu Hilfe, weil ich selbst sehr lange co-abhängig war und sicher noch nicht völlig genesen bin. Gerade deshalb brauche ich die Liebe, die lichtvolle Leichtigkeit und die Klarheit der Engel, damit wir alle in Liebe und Achtung vor den anderen, aber auch vor uns selbst, neue Wege gehen können.

Und weil ich aus eigener Erfahrung weiß, wie es sich anfühlt, co-abhängig zu sein, möchte ich an dieser Stelle auch vom förmlichen »Sie« zum persönlicheren »du« wechseln.

Was ist Co-Abhängigkeit nun eigentlich? Ursprünglich wurde der Begriff in Bezug auf Angehörige von Alkoholikern verwendet und bedeutete »mitabhängig«. Mitabhängig zu sein heißt, dass man sich selbst verleugnet, die eigenen Wünsche und Bedürfnisse, die eigenen Lebensziele hintanstellt, um für den Süchtigen da zu sein. Dieses Verhaltensmuster enthält all die Lügen, mit denen die Sucht des Partners nach außen hin immer wieder vertuscht wird –

ein Co-Abhängiger steht voll und ganz im Dienst der Bedürfnisse seines Partners, der Eltern, der Nachbarschaft, der Gesellschaft, irgendeiner äußeren Kraft, deren Wohlergehen und Anerkennung scheinbar wichtiger sind als der eigene Weg. Es enthält aber auch all die Lügen, die der Co-Abhängige über seine eigenen Bedürfnisse verbreitet, das Verleugnen der eigenen Sehnsüchte und Träume und das betonte, für Außenstehende oft übermenschlich anmutende Für-andere-da-Sein. Die Ursachen dafür sind vielfältig und bekannt. Natürlich ist es in der Hauptsache das Innere Kind, das geliebt werden will. Es muss die Kontrolle behalten, und es tut alles, um nicht verlassen zu werden, selbst wenn das bedeutet, sich bis zur völligen Selbstaufgabe für den anderen aufzuopfern, zu vertuschen, zu lügen, zu betrügen und sich selbst alles schönzureden. Die Angst vor dem Verlassenwerden ist so immens, dass Co-Abhängige sich lieber selbst verlassen, als diesen Schmerz noch einmal im Außen erleben zu müssen. Sie halten den anderen in Abhängigkeit, indem sie alles für ihn tun, sie kontrollieren ihn durch ihre Bereitschaft, seinen Bedürfnissen zu Diensten zu sein, und sie weben mit ihm gemeinsam eine Scheinwelt, die sie nach außen hin bis zur völligen sozialen Isolation aufrechterhalten. Sie wenden sich von Freunden ab, die ihre Lügen nicht glauben, sie vergraben sich zu Hause, sie verteidigen die scheinbar funktionierende Welt, die sie und der Abhängige gemeinsam aufgebaut haben, bis aufs Blut. Co-Abhängige nehmen sich selbst fast nur über die Beziehungen zu anderen wahr. Ob diese gut oder schlecht sind, ist zweitrangig, die Hauptsache ist, es gibt überhaupt eine Art von Beziehung.

Anne Wilson Schaef[2] prägte 1986 den eigentlichen Begriff der Co-Abhängigkeit, indem sie die übertriebene Rücksichtnahme und die Selbstaufgabe nicht als normale Reaktion auf Süchtige, sondern als eigenständige Krankheit erkannte und benannte. Denn die Bereitschaft, die eigene Wahrnehmung auszuschalten und das verdrehte Denken und Fühlen des anderen zu übernehmen und zu verstärken, zeigt durchaus, dass sich auch in Co-Abhängigen selbst ein paar Rädchen falsch herum drehen, finden Sie nicht? Nach und nach wurde dieser Begriff immer weiter gefasst und wird heute in den Suchtgruppen eher mit dem Wort »beziehungssüchtig« übersetzt.

Robin Norwood nennt es »die Sucht, gebraucht zu werden«, und es ist tatsächlich eine Sucht, denn Co-Abhängige können auch dann nicht damit aufhören, anderen ihre Unterstützung anzubieten, wenn sie erkennen, dass es ihnen selbst schadet, es sie förmlich krank macht. Viele stoffgebundene Süchte basieren auf einer Co-Abhängigkeit. Betroffene versuchen, das Leid, das die Co-Abhängigkeit verursacht, durch Essen, Alkohol oder Drogen jeder Art unter Kontrolle zu halten. Sie sind süchtig nach der Beziehung zum anderen und geben deshalb die Beziehung zu sich selbst auf oder stellen sie erst gar nicht her, setzen die Beziehung zum anderen an die Stelle, an der die Bindung an sich selbst verankert sein sollte.

---

2 Anne Wilson Schaef: *Co-Abhängigkeit. Nicht erkannt und falsch behandelt.* Wildberg, 1986.

Geht es dir nicht auch so? Anstatt dich in dich selbst einzufühlen, deine eigenen Bedürfnisse wahrzunehmen und zu erfüllen, sorgst du für den anderen, wie du es sicherlich schon als sehr kleines Kind gelernt hast. Du hattest wahrscheinlich niemals die Gelegenheit, in aller Ruhe eine tragfähige Beziehung zu dir selbst aufzubauen, eine Beziehung, die wie jede andere gesunde Beziehung auf Achtsamkeit, Vertrauen, Freundschaft und Liebe basiert. Du tust alles, um den anderen glücklich zu machen oder ihn zumindest ruhig zu halten, du verbiegst dich selbst bis zur Unkenntlichkeit dabei, dem anderen das zu geben, was ihm das Leben vermeintlich vorenthält (»vermeintlich« deshalb, weil du seinen Schöpferplan nicht kennst und einfach nicht wissen kannst, was für ihn bestimmt ist und was nicht). Du versuchst, die Bedürfnisse des anderen nach Sicherheit, Freiheit, Liebe und Geborgenheit, Verständnis und Abgrenzung zu erfüllen und achtest nicht darauf, was du selbst eigentlich willst. Wahrscheinlich spürst du es nicht einmal.

Ich möchte dir hier Wege zeigen, wie du dich anders verhalten kannst – und zwar in jeder Beziehung. Ich möchte dir Mut machen, deinen eigenen Weg zu gehen, endlich die Beziehung zu dir selbst aufzubauen und für den anderen nur noch in dem Maße da zu sein, wie du es möchtest. Du darfst lieben so viel du willst, aber deine Handlungsfreiheit muss erhalten bleiben, und du hast nicht nur das Recht, sondern auch den göttlichen Auftrag, Ja und Nein zu sagen. Ich möchte dir mit diesem Buch deine Selbstbestimmung zurückgeben, dir zeigen, wie du für dich selbst sorgst, ohne den anderen zu vernachlässigen. Natürlich willst du kein egoistisches Monster werden. Aber du willst auch nicht länger im Dienst des Egos und der Angst eines anderen stehen, sondern im Dienst am Licht und an der Liebe leben, das Licht und das Leben in dir selbst spüren, nicht aus zweiter Hand über die Verbindung mit anderen.

Wie findest du heraus, ob du co-abhängig bist? CoDA (Co-Dependants Anonymous) Deutschland, der Dachverband der Selbsthilfegruppen, die mit dem 12-Schritte-Programm arbeiten, sagt Folgendes[3]:

»Symptome der Co-Abhängigkeit

Einige Beispiele für Eigenschaften und Einstellungen, die uns vertraut sind:

- Ich habe Schwierigkeiten, zu erkennen, was ich fühle.
- Ich halte mich für völlig selbstlos und dem Wohl anderer verpflichtet.
- Ich habe Schwierigkeiten, Anerkennung, Lob und Geschenke anzunehmen.
- Ich verleugne meine eigenen Werte, um nicht von anderen abgelehnt zu werden.

3 www.coda-deutschland.de

- ✧ Ich verbleibe zu lange in für mich schädlichen Beziehungen und Situationen.
- ✧ Ich bewerte Ansichten und Gefühle anderer höher als meine eigenen, aus Angst vor Ablehnung und Abwertung.
- ✧ Ich muss ›gebraucht‹ werden, um dadurch meine Lebensberechtigung zu erfahren.«

Und wie werden wir co-abhängig? Nun, in früheren Zeiten (damit meine ich deine persönlichen, aber auch die menschheitsgeschichtlich früheren Zeiten) hing im wahrsten Sinne des Wortes unser Leben davon ab, dass wir es den uns Höhergestellten recht machten. Die Willkür, mit der früher über uns geherrscht wurde, die Wahllosigkeit, mit der Aufmerksamkeit, Liebe und Fürsorge verteilt wurden, hat uns gelehrt, alle Antennen auszufahren und uns in den anderen einzufühlen, seinen Wünschen nachzukommen und ihn ruhig zu halten. Es ist noch nicht lange her, als Menschen in unseren Breiten ihrer abweichenden Meinungen und ihres selbstständigen Verhaltens wegen umgebracht wurden, und in vielen Teilen der Welt ist dies noch heute so. Immer dann, wenn jemand seine Macht missbraucht, sie also nicht in den Dienst einer göttlichen Ordnung und des eigenen Herzens, sondern in den Dienst seines Egos, der eigenen Machtansprüche und der Angst stellt, wird co-abhängiges Verhalten überlebensnotwendig.

Das Gegenteil von Co-Abhängigkeit ist Selbstbestimmung, das Gehen des eigenen Weges. Sehr viele Stationen auf diesem eigenen Weg sind natürlich Kompromisse und Zugeständnisse, weil wir in einer sozialen Gemeinschaft leben. Wir sind eben auch soziale Wesen, und es liegt in unserer Natur, gemeinsam Lösungen zu finden.

In der Co-Abhängigkeit dagegen suchen wir nicht gemeinsam nach Lösungen, sondern wir machen es dem anderen recht. Das ist uns selbst gegenüber äußerst unsozial! Aber wenn wir uns selbst nur über die Beziehung zu anderen wahrnehmen, dann haben wir keine andere Wahl, oder? Warum das nicht funktioniert, ist uns klar: Wir verlieren immer mehr den Kontakt zu uns selbst, wenn wir es anderen recht machen, spüren uns selbst immer weniger und brauchen mehr von unserer Droge, auch wenn sie uns gar nicht mehr schmeckt.

Immer, wirklich immer dann, wenn du ein unangenehmes, beengendes Gefühl beim Kontakt mit anderen hast und glaubst, du dürftest nicht mehr frei sagen, was du willst und fühlst, befindest du dich im Zustand der Co-Abhängigkeit. Es mag Situationen geben, in denen es womöglich klüger ist, still zu bleiben. Ich möchte aber, dass du die Freiheit des Wählens zurückerhältst. Weißt du, du musst entscheiden können, ob du etwas sagst oder nicht, du brauchst deine Selbstbestimmung, damit du deine Schöpferkraft anwenden kannst. Wenn du dich dafür entscheidest, nichts zu sagen, dann sollte es eine echte Entscheidung sein, keine innere Lähmung aus Angst vor der Reaktion der anderen. Ich möchte dir anbieten, zu lernen, in jedem Moment deinen Impulsen zu folgen. Echte Impulse zeigen sich durch ein kraftvolles, lebendiges Gefühl und innere Ruhe. Lähmung dagegen, co-abhängiges Verhalten, geht immer mit Schuldgefühlen, Hoffnungslosigkeit und Groll einher.

Wir werden heute nicht mehr umgebracht, wenn wir unseren eigenen Weg gehen, wir sind erwachsen und können selbst für uns sorgen. Das ist menschheitsgeschichtlich ein sehr neuer Zustand. Frauen sind nicht mehr vom Wohlwollen der Männer abhängig, außer, sie haben sich in die Hände eines Psychopathen begeben. Dann ist völliger Rückzug unumgänglich. Auch Männer sind nicht mehr davon abhängig, dass Frauen sie versorgen, jeder kann gut für sich selbst da sein. Wenn wir Beziehungen eingehen, dann um die Liebe auf diesem Planeten zu vermehren, nicht, um versorgt zu sein. Das ist neu, und wir dürfen es üben.

Die Geistige Welt sagt zum Thema Co-Abhängigkeit Folgendes:

Ihr habt euch, als ihr auf die Erde kamt, dazu entschieden, euch gegenseitig zu dienen, damit ihr eure Erfahrungen erleben könnt. Dazu gehörte einst auch, die eigene Selbstbestimmung abzugeben, um die Wirkungen der Machtstrukturen als Täter und als Opfer kennenzuler-

nen. Aber die Zeiten ändern sich, und es ist soweit, tretet in euren eigenen Strahl hinein, werdet zu Schöpfern. Ihr wisst nun alles über die Auswirkungen von missbrauchter Macht und dürft diese Erfahrungen in Liebe erlösen. Ihr spürt, wenn die alten Verträge des gegenseitigen Dienens auslaufen, ihr spürt, wenn es Zeit wird, euer eigenes Leben zu betreten. Alles, was bisher geschehen ist, gehört zu eurem Weg, aber nun wird es Zeit, diesen Weg nicht mehr in Bezug auf andere, sondern in Bezug auf euer eigenes Herz zu leben. Wir stehen euch dabei zur Verfügung und erlösen euch sanft von den Auswirkungen eurer in aller Liebe geschlossenen Verträge. Verneigt euch vor dem Schicksal des anderen, gebt all die Lasten, die ihr für den anderen tragt, dem Schutzengel in die Hände, und übernehmt von nun an eine eigene Aufgabe. Neue Erfahrungen stehen an, und wir brauchen euch dazu in aller Freiheit und Selbstbestimmung.

Wir sind Engel auf Erden, und als solche sind wir es gewohnt, für andere da zu sein. Manche unserer Seelenverträge banden uns in Beziehungen oftmals fester aneinander, als uns lieb war, und dennoch blieben wir, weil wir spürten, dass wir etwas Wichtiges miteinander zu erledigen hatten, wir unterstützten uns auf einer sehr hohen Ebene im Prozess unserer Bewusstwerdung. Waren wir sehr viel für andere da, blieb unser eigenes äußeres Leben oft auf der Strecke, aber dabei lernten wir sehr viel über uns selbst, unsere Reaktionen und das Zusammenspiel der Energien.

Hier der Unterschied zwischen Co-Abhängigkeit und Genesung:

- »In der Co-Abhängigkeit hängen meine guten Gefühle davon ab, dass du mich magst.
- In der Genesung hängen meine guten Gefühle davon ab, dass ich mich mag.

- In der Co-Abhängigkeit hängen meine guten Gefühle von deiner Achtung meiner Person ab.
- In der Genesung hängen meine guten Gefühle von meiner Selbstachtung ab.

- In der Co-Abhängigkeit beeinflusst dein Kampf meine Ruhe und Gelassenheit.
- In der Genesung spielt dein Kampf für mich eine Rolle, weil ich mich um dich sorge, aber er kontrolliert nicht, wie ich über mich selbst empfinde.

- In der Co-Abhängigkeit wird meine Selbstachtung dadurch gestärkt, dass ich deine Probleme löse und deine Muster erkenne.
- In der Genesung kommt meine Selbstachtung daher, dass ich meine Probleme löse und manchmal meine Muster erfahre.

- ✧ In der Co-Abhängigkeit konzentriert sich meine Aufmerksamkeit darauf, dir zu gefallen.
- ✧ In der Genesung gefalle ich mir, selbst wenn es dir nicht gefällt.

- ✧ In der Co-Abhängigkeit konzentriere ich mich darauf, dich zu schützen.
- ✧ In der Genesung schütze ich mich, selbst wenn ich dich dadurch manchmal ungeschützt lasse; ich weiß, dass du auf dich selbst aufpassen kannst.

- ✧ In der Co-Abhängigkeit verstecke ich meine Gefühle, indem ich dich manipuliere, etwas auf meine Weise zu tun.
- ✧ In der Genesung sage ich die Wahrheit über meine Gefühle, unabhängig von den Konsequenzen.

- ✧ In der Co-Abhängigkeit schiebe ich meine Hobbys und Interessen beiseite, deine Interessen stehen im Vordergrund.
- ✧ In der Genesung gehe ich meinen Hobbys und Interessen nach, selbst wenn das bedeutet, Zeit von dir getrennt zu verbringen.

✧ In der Co-Abhängigkeit schreibe ich dir deine Kleidung, dein Verhalten und deine Erscheinung vor, denn du bist eine Spiegelung meiner Person.

✧ In der Genesung lasse ich zu, dass du dich kleidest, erscheinst und verhältst, wie du es möchtest, unabhängig davon, wie ich mich dabei fühle.

✧ In der Co-Abhängigkeit weiß ich nicht, was ich will, ich frage dich und bin mir nur darüber bewusst, was du willst.

✧ In der Genesung kenne ich meine Wünsche und Bedürfnisse nicht nur, ich spreche sie aus und handle so, dass ich sie erfülle.

✧ In der Co-Abhängigkeit sind die Träume, die ich von der Zukunft habe, untrennbar mit dir verbunden.

✧ In der Genesung gehören meine Träume mir, selbst wenn du darin nicht vorkommst.

✧ In der Co-Abhängigkeit bestimmt die Furcht vor deiner Wut, was ich sage und tue.

✧ In der Genesung habe ich keine Kontrolle über deine Wut, und sie hat keine Kontrolle über mich.

✧ In der Co-Abhängigkeit nutze ich das Geben, um mich in der Beziehung sicher zu fühlen.

✧ In der Genesung kann ich geben, wenn es mir Freude macht, ich kann es aber auch lassen, weil es nicht der Furcht oder der Sicherheit dient.

✧ In der Co-Abhängigkeit verringern sich meine sozialen Kontakte, sobald ich mich mit dir einlasse.

✧ In der Genesung hoffe ich, dass du meine Freunde magst. Wenn nicht, werde ich es verstehen und akzeptieren, mich aber weiterhin mit ihnen treffen.

✧ In der Co-Abhängigkeit lege ich meine Werte beiseite, um mit dir zusammen zu sein.

✧ In der Genesung gehören meine Werte mir. Als Kern meines Seins sind sie unumstößlich.

✧ In der Co-Abhängigkeit schätze ich deine Meinung und deine Art, Dinge zu tun, höher ein als meine.

✧ In der Genesung schätze ich deine Art und dein Verhalten, aber nicht auf Kosten meiner.

✧ In der Co-Abhängigkeit steht die Qualität meines Lebens in untrennbarem Zusammenhang mit deiner Lebensqualität.

✧ In der Genesung gibt es klare Grenzen, die meine Lebensqualität von deiner unterscheiden und trennen.

✧ In der Co-Abhängigkeit sage ich alles frei heraus, suche Intimität gleich beim ersten Treffen, verliebe mich, ohne wirkliche Informationen darüber zu haben, wer du bist und was du beitragen kannst und willst.

✧ In der Genesung lasse ich mir Zeit, lasse Freundschaften entstehen, ich bin nicht von dir überwältigt und kann unangemessenes Verhalten erkennen und darauf reagieren.

✧ In der Co-Abhängigkeit übernehme ich automatisch die Verantwortung, wenn es sonst keiner tut, indem ich sage: »Einer muss es ja machen.« »Einer« bin immer ich.

✧ In der Genesung spüre ich, dass ich die Wahl habe, indem ich es an eine höhere Macht abgebe und darauf vertraue, dass für den anderen gesorgt ist, auch, wenn es nicht durch mich geschieht.«[4]

4 Auszug aus dem CoDA-Programm

Erkennst du dich selbst wieder? Wenn du das Licht wirklich auf die Erde bringen willst (und dazu sind wir alle ja hier), brauchst du eine gute, tragfähige Beziehung zu dir selbst – denn du selbst bist das Werkzeug, das deine Seele nutzt, um eben dieses Licht zu verankern! Wenn du keine Beziehung zu dir selbst hast, dann kannst du das Licht nicht auf die Erde bringen, weil du selbst die Fackel bist, verstehst du das? Entzünde also endlich dein eigenes Licht, damit es für dich und andere leuchten kann, statt immer das der anderen anzuzünden – denn das funktioniert ja sowieso nicht, oder ...?

Dieses Buch will dich also an die heilige Beziehung erinnern, die du endlich mit dir selbst eingehen darfst, und dir Werkzeuge geben, die du ganz einfach nutzen kannst. Ich stelle dir hier eine Übung vor, die du immer und überall anwenden kannst, und die dir Klarheit und Selbstbestimmung in deinen Beziehungen zurückgibt:

Die Goldene Acht

Immer wenn du das Gefühl hast, du lässt dich zu sehr in das Energiefeld eines anderen ziehen – sei es, dass es automatisch geschieht, sei es, dass der andere dich anzapfen will oder gar, dass du selbst in die Haut und das Kraftfeld des anderen hineinschlüpfen möchtest –, dann stelle dir vor, dass ihr durch eine Goldene Acht verbunden seid. Der Kreuzungspunkt ist in der Mitte zwischen euch, und jeder hat einen genügend großen Raum innerhalb der Acht. Wenn sich eure Energien vermischen, du selbst in deinem Gefühl verschwimmst und unklar wirst, dann liegt das daran, dass du einen energetischen Kreis um dich und den anderen gelegt oder es zumindest zugelassen hast. Legst du dagegen die Acht bewusst, hat jeder seinen abgegrenzten Bereich, und ihr seid dennoch miteinander verbunden. Der andere hat keinen Zugriff mehr auf deine Energie, du selbst bist geschützt und stabil. Du nimmst dir außerdem gleichzeitig die süchtig machende Möglichkeit, die Energie des anderen an dich zu ziehen. Die Goldene Acht kannst du auch anwenden, wenn du schwierige Telefongespräche führst oder zu sehr in die Rolle des Inneren Kindes rutschst, sobald dir eine Autoritätsperson begegnet.

Die Erfahrung zeigt, dass die Energie der Goldenen Acht stärker ist als jeder Versuch, dich in einen Kreis zu binden, weil sie die geistigen Gesetze des freien Willens und der Selbstbestimmung, der Achtsamkeit und der Achtung vor dem anderen widerspiegelt. So wirst du frei, selbst zu entscheiden, auch wenn der andere noch so sehr versucht, dich an sich zu binden. Wenn du selbst bemerkst, dass du Bindungsenergien aussendest und du es nicht mit deiner bewussten Absicht ändern kannst, leg die Goldene Acht um euch beide. Dann spürst du dich selbst wieder und signalisierst dir, dass du nicht mehr bereit bist, dich auf süchtig machende Beziehungen einzulassen. Du bekommst dadurch das Geschenk der Selbstbestimmung und der Handlungsfähigkeit zurück. Die Goldene Acht kannst du immer dann nutzen, wenn du mit anderen in Kontakt treten willst. Willst du einfach deine Ruhe, oder hast du das Gefühl, du bräuchtest Schutz und massive Abgrenzung, dann hülle dich lieber in eine Lichtsäule oder in einen Lichtmantel (oder gehe nicht hin, wenn dich die Situation so sehr bedroht). Dieser Schutz aber verhindert Kommunikation, deshalb schaue immer, welche Absicht du hegst.

Eine Information, nur, weil es die Erfahrung bereits gezeigt hat: Wenn du vor einer Gruppe stehst und Vorträge hältst oder etwas lehren möchtest, dann stelle dich bitte in einen Lichtstrahl, aber nutze die Goldene Acht nicht. In dem zweiten Kreis sollte keine Gruppe stehen, sondern immer nur eine Einzelperson – sonst missachtest du die Eigenständigkeit der anderen. Es fühlt sich für die Gruppe sehr unangenehm an, in einen gemeinsamen Kreis gezwängt zu werden, deshalb stelle dich bitte in dein Kraftfeld, und lasse die anderen da stehen, wo sie gern stehen möchten. Selbstverständlich kannst du jedem Einzelnen eine Lichtsäule schicken, auch eine gemeinsame Lichtsäule fühlt sich gut an, aber nicht die Acht. Oft werde ich gefragt, ob wir dadurch den anderen nicht zurückweisen oder verletzen. Wenn du magst, dann probiere folgende Übung aus:

Nimm dir einen Partner, und stelle dich ihm gegenüber. Versuche, ihn und dich bewusst in einen gemeinsamen Kreis zu bannen, während er im Gegenzug bewusst die Goldene Acht um euch beide legt. Sprecht, noch während ihr im Energiekreis steht, darüber, was ihr wahrnehmt, dann tauscht die Rollen.

Es fühlt sich meist so an, als würdest du auf dich selbst zurückgeworfen, wenn dir der andere die Acht hält, du kannst nicht an sein Energiefeld andocken. Aber es fühlt sich gleichzeitig kraftvoll und gut an, **du wirst nicht zurückgewiesen, denn der andere ist ja da**, er hält nur eine andere Art der Verbindung als du. Verstehst du, das ist keine Abgrenzung, sondern etwas viel Besseres: Du hältst die geistigen Gesetze der Selbstbestimmung und euer beider Recht auf Freiheit ein – das fühlt sich für alle Beteiligten letztlich immer gut an.

Warum nennen wir den Wunsch, für andere dazu sein und ihr Leben zu bereichern, eigentlich »Co-Abhängigkeit«? Ist das Heilen, das Dienen, das Für-andere-Dasein nicht unser wahrer Lebenszweck auf der Erde? Sind wir nicht hier, um Licht und Liebe zu bringen, um anderen zu helfen und um die Botschaften der Liebe und des Lichtes zu verbreiten?

Es gibt einen grundlegenden Unterschied zwischen Liebe und Co-Abhängigkeit. In der Liebe achtest du den freien Willen des anderen wie auch deinen eigenen. Du hast die innere Freiheit, auf die Bedürfnisse des anderen zu reagieren oder nicht, und du kannst ganz leicht Ja und Nein sagen. Du spürst, ob dein Einsatz gefragt ist oder nicht, und du kannst dich selbst spüren, verlierst dich nicht im anderen. Du bleibst handlungsfähig. In der Co-Abhängigkeit ist das nicht so. In der Co-Abhängigkeit bist du bestrebt, den anderen und dich selbst zu manipulieren, du respektierst die

Selbstbestimmung des anderen genauso wenig wie deine eigene, dein inneres Programm läuft und lässt sich an keiner Stelle stoppen. Du versuchst, ihn vor den Konsequenzen seines und deines Denkens und Handelns zu schützen, und du unterdrückst die klare Stimme in deinem Inneren, die dir sagt, dass es Zeit wird, dich um dich selbst zu kümmern. Du bist möglicherweise nicht einmal besonders feinfühlig, weil du vielleicht nicht erkennst, ob deine Hilfe überhaupt angenommen wird oder nicht. Es gibt auch ein spirituelles Ego, das glaubt, zu wissen, was andere brauchen und das sich für ziemlich erleuchtet hält (auch wenn es das nicht zugeben würde). Je mehr wir dazu in der Lage sind, andere zu unterstützen, gerade weil wir schon so viel zu wissen glauben oder viele Ausbildungen gemacht haben, die uns befähigen, für andere da zu sein, desto mehr glauben wir oft, wir hätten eine so wichtige Botschaft, dass sie jeder einfach hören MUSS. Nun, das stimmt nicht. Wer sie braucht, wird danach fragen. Und ansonsten sollten wir uns mit unseren Heilsbotschaften zurückhalten.

Wenn du gesund bist, spürst du, wann deine Informationen benötigt werden und ankommen. Posaunst du sie in die Welt, obwohl andere sie gar nicht hören wollen, dann hältst du es womöglich einfach gerade selbst nicht aus, dass die anderen sind, wie sie sind. Verstehst du, wenn du unter der vermeintlichen oder echten Lieblosigkeit der anderen leidest, dann therapiere sie nicht, sondern verlasse den Raum, zumindest den energetischen Raum, in dem dieses Unachtsamkeiten und Lieblosigkeiten stattfinden.

Die Co-Abhängigkeit wuchert in dir selbst, es ist deine Krankheit, sie ist zum Selbstläufer geworden und hat begonnen, ihre immer gleichen Botschaften auszusenden. Irgendwann, wenn du nur genügend programmiert worden bist, brauchst du keinen äußeren Anlass mehr, um dich co-abhängig zu verhalten, du suchst dir deine Opfer schon selbst zusammen. Das führt so weit, dass du, sowie es anfängt, dir gut zu gehen, ganz schnell bei deiner Mutter oder einer anderen bevorzugten Projektionsfläche deiner Co-Abhängigkeit anrufst, um dich energetisch wieder auf dein viel zu niedriges, für dich aber gewohntes Normalmaß zurechtstutzen zu lassen.

Es ist, als könnten wir, wenn wir in der Co-Abhängigkeit gefangen sind, nicht zulassen, ein bisschen Energie für uns selbst zu haben, als erlaubten wir uns nicht, es uns selbst gut gehen zu lassen, als gäben wir unsere Kraft, unsere Zeit, unser Geld, unseren Raum sofort weiter, egal ob der andere sie gerade haben will oder nicht.

Schuldgefühle sind der Preis, den wir zahlen, wenn wir aus der Co-Abhängigkeit aussteigen, und diese Schuldgefühle können wir durchaus mit jedem anderen Suchtdruck vergleichen. Wann immer du Schuldgefühle bekommst, wenn du deinen eigenen Impulsen folgst, reagierst du co-abhängig. Dabei spielt es gar keine Rolle, ob der andere überhaupt Interesse daran hat, dir Schuldgefühle zu bereiten oder nicht. Beziehungen zerbrechen an Co-Abhängigkeit, wenn der Schulddruck und das Gefühl der Unfreiheit immer größer werden, selbst wenn der eine Partner dem anderen alle Freiheiten lässt. Es gibt echte co-abhängige Beziehungen, in der der eine vom anderen verlangt, alles für ihn aufzugeben und immer für ihn da zu sein, aber es gibt eben auch die Beziehungen, in denen das gar nicht gefordert wird und ein Partner sich dennoch eingeengt fühlt (oder den anderen mit seiner ewigen Kontrolle und seinem Wunsch, alles richtig zu machen, einengt!).

Es gibt also Beziehungen (egal zu wem, sei es zu deinem Partner, deinen Klienten, deinen Nachbarn), in denen Aufmerksamkeit und Zuwendung über Gebühr gefordert werden, und es gibt Beziehungen, in denen du dich frei fühlen dürftest, es aber nicht kannst, weil du dem anderen Bedürfnisse, Gefühle, Reaktionen und Absichten unterstellst, die er gar nicht hat.

Für einen Co-Abhängigen sind diese beiden Formen fast nicht zu unterscheiden, denn er lebt in seinem eigenen Film. Wenn jemand keine Ansprüche an ihn stellt, dann projiziert er seine eigenen Vorstellungen der Gefühle anderer auf sich und reagiert emotional auf diese eingebildeten, dem Partner unterstellten Gefühle. Ein Co-Abhängiger kann sich nicht vorstellen, dass seine eigenen Bedürfnisse angemessen sind und von anderen verstanden werden. Schon gar nicht kann sich ein Co-Abhängiger vorstellen, dass er seinen eigenen Bedürfnissen folgen darf, ohne mit Liebesentzug bestraft zu werden, was immer Liebesentzug in diesem speziellen Fall auch sein mag. Folgt ein Co-Abhängiger einmal nur seinen eigenen Impulsen, bekommt er den Eindruck, andere im Stich zu lassen und es sich auf Kosten der anderen gut gehen zu lassen. Das geht so weit, dass er sich nicht amüsieren darf, wenn es z. B. dem Partner, dem Vater oder der Schwester schlecht geht, selbst wenn er zu deren Wohlergehen nicht das Geringste beitragen kann. Ein Co-Abhängiger erlaubt sich sein eigenes Glück und seine eigene Erfüllung erst dann, wenn die ganze restliche Welt glücklich ist.

Als wir auf die Erde gekommen sind, haben wir uns vorgenommen, das Licht und die Liebe bis in die dichteste Materie zu bringen. Was ist schiefgelaufen?

Hier eine Information aus dem Reich der Engel:

Als Engel seid ihr natürlich bestrebt, das Licht und die Liebe in alle Situationen hineinfließen zu lassen, in der sie gebraucht werden. Aber, und das vergesst ihr auf der Erde immer wieder, wir nicht-inkarnierten Engel sind selbst fortwährend von diesem Licht durchströmt. Alles, was wir geben, haben wir selbst im Überfluss, und das Geben schadet uns nicht. Das Füllhorn göttlicher Liebe wirkt durch uns hindurch, nährt zunächst uns selbst und dann die anderen. Und das Wichtigste ist: Wir haben keine Gefühle. Wir fühlen den Schmerz und die Angst nicht, wir können uns nicht verstricken, wir bleiben immer frei und dienen dem Licht, nicht eurem Schmerz. Wir sind Licht, wir sind Liebe, wir fügen Licht und Liebe hinzu, aber eure Lasten tragen wir nicht. Auf der Erde lasst ihr den Teil des Sich-selbst-Nährens außer Acht, ihr überlebt energetisch gerade so und gebt auch das weiter, was ihr für euch selbst braucht. Ihr schleppt euch an den Lasten anderer krank. Das tun Engel nicht. Was ihr vergessen habt, ist die Quelle aller Liebe und allen Glückes: das göttliche Licht, das Leben selbst. »Jeder ist seines eigenen Glückes Schmied«, lautet ein Sprichwort, und es meint, jeder von euch hat die Werkzeuge, um jenes Eisen, das das Leben ihm zuteilt, in die Form zu schmieden, in der er es haben will. Ihr steuert dieses Schmieden über eure Absichten, euer Denken und Fühlen, aber insbesondere über eure Taten.

Woran also spürst du, dass du in co-abhängigen Strukturen gefangen bist?

- Du bist mit deiner Aufmerksamkeit bei den echten oder vermeintlichen Bedürfnissen der anderen, nicht bei deinen.
- Deine eigenen Bedürfnisse nimmst du nur sehr verschwommen wahr, und wenn du sie spürst, stellst du sie augenblicklich wieder infrage.
- Es gibt für dich keinen Unterschied zwischen angemessenen und nicht angemessenen Anforderungen und Wünschen an dich.
- Stellt der andere keine Anforderungen an dich, fühlst du dich unsicher und versuchst, herauszufinden, was er von dir erwartet.

- ✧ Du hegst (unterdessen, weil du so überfordert bist,) unterschwelligen Groll gegen jeden, der zumindest deiner Meinung nach etwas von dir will.
- ✧ Und natürlich kannst du nicht Nein sagen! Tust du es dennoch, erklärst du stundenlang, warum du Nein sagen musst und fühlst dich schuldig.
- ✧ Du rechtfertigst dich (immer wieder) vor anderen dafür, warum es in Ordnung ist, dass dich dein Partner, deine Freundin oder andere schlecht behandeln, nimmst ihn oder sie in Schutz, obwohl es nicht angemessen ist. Deine Zuhörer reagieren irritiert, unwillig oder verwundert und spüren, dass etwas nicht stimmt, aber du bist nicht bereit, ihren Standpunkt anzuhören und darüber nachzudenken.

Warum ist die Co-Abhängigkeit eine Sucht? Weil du gefangen und unfrei bist, egal was um dich herum passiert. Egal ob jemand tatsächlich Ansprüche an dich stellt oder nicht, du hängst in deiner eigenen Denkschleife. Die Symptome dieser Schleife sind Schuldgefühle, innerer Druck, Unsicherheit, körperliche oder zumindest massive emotionale Anspannung und der bewusste oder unterschwellige Wunsch, dein Leben endlich kontrollieren zu können – denn du lässt dir die Freiheit deiner Entscheidungen, deine Selbstbestimmung, immer wieder aus der Hand nehmen. Und das unabhängig davon, ob der andere sie überhaupt haben will oder nicht! Das kann man schon ein bisschen als süchtiges Verhalten bezeichnen, oder?

Süchtig sind wir in einem Zustand, den wir beim besten Willen nicht ändern können, obwohl wir darunter leiden – den wir aber immer wieder herbeiführen. Wir reagieren immer wieder auf die gleiche Weise, obwohl wir es nicht wollen, es ist, als sei unser freier Wille gelähmt und ausgeschaltet, wenn das Suchtmuster angeregt wird. Es ist, als hätten wir ein Bedürfnis danach, unsere Selbstbestimmung aus der Hand zu geben und uns kontrollieren zu lassen, und natürlich stimmt das auch.

Welchen Gewinn ziehen wir aus diesem Verhalten? Denken wir immer wieder daran, dass wir uns selbst nur wenig spüren und am besten dann wahrnehmen, wenn wir in Beziehung zu jemandem stehen, dann wird es klar. Wir spüren unsere Verlorenheit und das Fehlen jedes Lichts in bestimmten Bereichen unserer eigenen Energie nicht, wenn wir uns mit unseren Beziehungen beschäftigen – und das tun wir ausführlich. Wir werden an eine uralte Wunde erinnert, die endlich geheilt werden will, aber statt sie zu heilen und uns ihr zu widmen, reißen wir uns immer wieder neu das Herz auf, als könnten wir uns selbst über den Schmerz spüren, über das Verlassenwerden, darüber, eben nicht geliebt zu werden und das zu bekommen, was wir brauchen. Wir nehmen uns selbst über den Mangel wahr, weil er uns so vertraut ist. Der Schmerz des Verlassenwerdens ist unser Zeichen, überhaupt am Leben zu sein.

Dieses Buch will dich an deinen Auftrag erinnern, an deinen eigenen Weg, an deinen lichtvollen Energiestrahl – und dir die Möglichkeit eröffnen, diesen Weg auch zu gehen.

Die zwölf Schritte

Wenn du dich berührt fühlst und Hilfe brauchst, dann darf ich dir nun den erfolgreichsten Werkzeugkoffer vorstellen, den es zurzeit auf Erden gibt und den wir uns – vorsorglich – bereitgestellt haben, als wir im Kollektiv entschieden haben, voneinander abhängig zu werden.

Schritt 1

Erkenne, dass du dir zu viel aufgeladen hast und nicht weißt, wie du es wieder loslassen kannst.

Gib bitte vor dir selbst zu, dass du aus eigener Kraft nicht aus deinem co-abhängigen Verhalten aussteigen kannst. Könntest du es, würdest du es tun. Erkenne bitte, dass du eine Aufgabe auf dich geladen hast, die du nicht erfüllen kannst, weil sie nicht zu dir gehört, sondern Auftrag der Schutzengel und des Höheren Selbst des anderen ist.

Nein, das ist nicht dein gefürchtetes negatives Denken, das stimmt einfach. Könntest du damit aufhören, über Gebühr für andere da zu sein, würdest du es schließlich tun. Hältst du es eigentlich immer noch für engelhaft und liebevoll, dich selbst auszubeuten und gegen deine eigene innere Stimme zu handeln? Wozu, glaubst du, hat Gott sie dir gegeben, und wem dienst du bitte, Gott, deinem Partner, deiner Mutter, deiner Chefin? »Nun, weder noch«, willst du vielleicht einwerfen, »ich will einfach den Menschen helfen.« Aber wobei? Und meinst du wirklich, es hilft, wenn andere von dir abhängig werden und es dann bleiben? Weißt du, jeder von uns hat einen Schutzengel, einen höheren Auftrag und jede Menge Werkzeuge, mit denen dieser Auftrag ausgeführt werden kann. Jeder von uns hat einen eigenen Weg, und jeder hat bestimmte Erfahrungen gewählt. Es ist natürlich zu einfach und auch sehr herzlos, jemandem Hilfe zu verweigern, nur weil er ja auf einer höheren Ebene gewählt hat, in Schwierigkeiten zu sein. So haben wir das auch nicht vereinbart.

Noch einmal: Unser gemeinsamer Auftrag lautet, die uns allen innewohnende Schöpferkraft in der scheinbaren Dichte des Erdenergiefeldes zu entfalten. Wir stiegen hinab in die dichteste Dichte, gleichzeitig aber auch in die kraftvollste, deutlichste Form des Selbstausdrucks und der Lebendigkeit und wollten dort erschaffen, schöpfen, das Licht auf die Erde bringen und es auf der Erde verwirklichen. Nicht weil die Erde so gewichtig ist, sondern weil wir alle wissen und spüren wollten, wie es ist, wenn sich Licht und Liebe verdichten und zur Form werden. Das Licht bringen wir auf die Erde, indem wir unsere Schöpferkraft anwenden, indem wir uns nicht von Leid, Schmerz und Tod beeindrucken lassen, sondern schöpferisch tätig bleiben und unser Eisen und damit unser Glück selbst schmieden. Das Feuer, mit dem wir das Eisen immer wieder zum Glühen bringen, besteht aus unserer Liebe und unserem Vertrauen in das Leben selbst, und die Werkzeuge, mit denen wir unser Glück schmieden, sind unsere innere Ausrichtung, unsere grundlegenden Absichten, aber besonders unsere Taten.

Doch was geschieht? Wir schmieden das Eisen der anderen, und unser eigenes lassen wir liegen, weil wir glauben, andere bräuchten unsere Hilfe. Das brauchen sie vielleicht auch, aber besonders brauchen sie Unterstützung dabei, auf eigenen Füßen stehen zu lernen, auch wenn sie selbst das anders sehen mögen. Dazu gehört, sie auf sich selbst zurückzuwerfen, wenn es nicht anders geht.

Wann immer du über Gebühr – und das meint einfach, gegen dein gutes inneres Gefühl – für jemanden da bist, wann immer du etwas für jemanden tust, was dieser für sich selbst tun sollte und könnte, handelst du gegen die geistigen Gesetze der spirituellen Selbstbestimmung und Selbstentfaltung. Wenn du überhaupt jemandem helfen willst, dann erinner ihn daran, dass geistige Hilfe da ist und jederzeit zur Verfügung steht, zeige ihm seine eigene Werkzeugkiste, und schmiede du dein eigenes Eisen, so schön und anmutig wie möglich, damit andere sehen, wie man das macht und dass es möglich ist!

Wann immer dich jemand schlecht behandelt, dich zurückweist und dich verletzt, darfst und musst du sogar gehen. In diesem Fall ist dein Auftrag nicht der, zu seiner Rettung beizutragen, sondern der, deine eigene Wunde zu erkennen und um Heilung zu bitten. Du weißt selbst, dass diesen Weg zu gehen viel schwieriger ist, als immer noch mehr Energie, Liebe und Lebenskraft in den anderen hineinzupumpen, deshalb meidest du ihn lieber, nicht wahr?

Wir strengen uns an und wollen die alte Wunde endlich heilen, indem wir diese eine Person retten oder sie dazu bringen, uns zu lieben, anstatt uns der Wunde und dem zutiefst verletzten Inneren Kind direkt zuzuwenden. Wieder und wieder setzen wir uns der gleichen Situation aus, um den Kampf um Liebe und Anerkennung endlich zu gewinnen, und wieder und wieder scheitern wir. Wir vertuschen unser eigenes brennendes Bedürfnis nach Liebe sogar vor uns selbst, indem wir dem anderen immer noch mehr Energie geben, uns zum Retter aufschwingen und uns selbst mehr und mehr verleugnen – daraus beziehen wir eine merkwürdige Art von Stärke. Es ist emotionale Magersucht, die uns antreibt. Je weniger wir geliebt werden, desto mehr verweigern auch wir selbst uns diese Liebe, je mehr der andere fordert und uns gleichzeitig zurückweist, desto mehr geben wir, damit er endlich erkennt, was er an uns hat. Nun, das weiß er eigentlich ganz genau: einen Spielball seiner Launen und Bedürfnisse! Das mag dem anderen nicht bewusst sein, aber es stimmt doch. Liebe bekommen wir hier nicht, ebenso wenig Trost oder Heilung. Es ist, als tränken wir Salzwasser, und weil das unseren Durst nicht löscht, eben noch ein bisschen mehr davon. Wir wissen, was passiert, wenn wir das tun: Wir vergiften uns unweigerlich. Co-Abhängigkeit ist eine wirklich sehr ernst zu nehmende Krankheit, denn wir geben bereitwillig all unsere Lebensenergie für diesen krank machenden Schluck Salzwasser – und wir werden tatsächlich krank. Wir bekommen Rückenschmerzen, alle möglichen Entzündungen, Migräne, Magersucht oder andere Essstörungen, Immunerkrankungen, Depressionen und Panikattacken, oder wir trinken zu viel Alkohol – was immer uns vermeintlich dabei hilft, unsere Gefühle der Ohnmacht und Selbstaufgabe in Schach zu halten. Schritt 1 bietet uns an, zuzugeben, dass wir in dieser Sucht gefangen sind und aus eigener Kraft (zumindest aus der uns bislang bekannten eigenen Kraft) nicht aussteigen können, so sehr wir es uns auch wünschen. Haben wir das zugegeben, erkennen wir: Wir brauchen etwas Neues, Gesundes, eine Energie, eine Erkenntnis, einen Impuls, der uns aus dieser Spirale herauszieht.

Aus der Geistigen Welt höre ich dazu Folgendes:

Dürfen wir euch etwas über unseren Auftrag erzählen? Wir, eure Schutzengel und alle himmlischen Botschafter, sorgen dafür, dass ihr euren seelischen Weg gehen könnt, indem wir euch immer genau die Energien zur Verfügung stellen, die nötig sind. Wir schützen euren Raum, beschützen euch aber nicht vor den Erfahrungen, die ihr euch zu machen vorgenommen habt, auch dann nicht, wenn diese schmerzhaft sind! Manchmal scheinen wir zu versagen, aber wir können nur das tun, was uns das Energiefeld der Seele, die wir schützen, erlaubt.

Alles, was durch uns geschieht, geschieht in Absprache mit dem Hohen Selbst und dem Seelenplan, auch wenn es auf der Erde, in der konkreten Umsetzung, völlig absurd wirken kann. Es ist unsere Aufgabe, dafür zu sorgen, dass eine Seele genau das bekommt, was sie braucht, um ihren hohen Dienst der Liebe erfüllen zu können. Wir stellen die Energiefelder zur Verfügung, bieten den Schutz, der nötig ist, auf allen Ebenen, auch wenn dieser Schutz manchmal anders aussieht, als ihr erwartet.

Eure Aufgabe ist es, den Impulsen, die euer Herz euch gibt, zu folgen – und zwar nur diesen Impulsen. Um diese Impulse spüren zu können, braucht ihr ein besonders gutes Bewusstsein für euch selbst. Ihr habt euch ein Leben aufgebaut, in dem das unmöglich zu sein scheint, und ihr habt das gegenseitige Ausbeuten geradezu zur subtilen oder auch weniger subtilen Kunstform erhoben. Dennoch dient es weder den geistigen Gesetzen der Selbstbestimmung noch der freien Entfaltung der eigenen Energie. Und genau deshalb fühlt es sich auch nicht gut an, sondern eng und ohne Hoffnung. Wenn ihr jemandem in Übereinstimmung mit seiner Seele (nicht mit seiner Angst, nicht mit seinem Ego und auch nicht mit seinem Inneren Kind) mitfühlend und bereitwillig zur Seite steht, leistet ihr einen wundervollen Dienst, der sich für alle Beteiligten leicht und gut anfühlt, selbst wenn er von außen schwer wirkt und manchmal eine echte Belastung darstellt. Wenn es in Übereinstimmung der Seelen geschieht, trägt euch die Liebe durch diesen Dienst hindurch, egal wie sehr er euch fordert. Aber nur dann. Alles andere behindert die Entfaltung des anderen, aber ebenso eure eigene. Auch das gehört zu dem, was ihr erfahren wolltet, aber nun ändert sich der Weg, ihr werdet freier, und der Wunsch nach echter Selbstbestimmung und Selbstverantwortung wächst in allen Seelen.

Ihr braucht nicht zu lernen, selbstbestimmt und gleichzeitig freundlich zu bleiben, wenn euch ein anderer in seinen Bannkreis ziehen will, euch bewusst oder unbewusst für seine eigenen Zwecke nutzen möchte. Sei es, dass er Liebe, Aufmerksamkeit oder Schutz von euch braucht, sei es, dass er euch dominieren möchte, um sich selbst stärker zu fühlen, oder auch, dass er einfach aus Bequemlichkeit das nutzt, was ihr euch erschaffen habt. Ihr braucht nicht zu lernen, mit jemandem, der seine Machtstrukturen missbraucht und nicht aus dem Herzen heraus lebt, friedlich zu kommunizieren. Ihr braucht nicht zu lernen, euch abzugrenzen und höflich zu bleiben, wenn jemand euer Nein nicht hört und respektiert. Wie ihr nicht lernen müsst, in Salzsäure zu baden, so müsst ihr nicht lernen, angemessen (in euren Augen angemessen!) mit Menschen umzugehen, die in für euch schädlicher Absicht in euer Leben treten. Warum nicht? Weil ihr immer noch glaubt, »angemessen mit jemandem umgehen« bedeutet, dem anderen zu geben, was er braucht und dabei gelassen und in eurer Fülle zu bleiben. Aber damit beutet ihr euch nur noch weiter aus, ihr kleistert euch spirituelle rosa Soße über euren Unmut, eure Wut und euer Nein. Das hilft nicht.

»Wovon reden die denn?«, fragt ihr jetzt vielleicht, »Es ist leicht, so zu reden, wenn man nicht inkarniert ist und sich nicht mit seinem Chef herumschlagen muss.« Das stimmt natürlich. Aber wisst ihr, lie-

be Leser, wir sehen die wundervolle, lichtvolle Seele, aber wir sehen auch die Absichten der Menschen, die bewussten wie die unbewussten. Menschen, die euch an sich binden wollen, sind keine armen Opfer, sondern Täter, und wenn sie es noch so unbewusst sind. Euer ganz gesunder und normaler Selbsterhaltungstrieb erkennt die Gefahr nur deshalb nicht, weil ihr auf Höflichkeit und Selbstverleugnung programmiert seid. Stimmt das überhaupt? Gibt es nicht diesen kraftvollen Aggressionsschub in euch, wenn ihr spürt, dass jemand euren Raum einnehmen will? Spürt ihr nicht das Nein, bevor ihr lächelnd und zähneknirschend zugleich versucht, die Wünsche des anderen zu erfüllen? Ein echter Schöpfer enttarnt die Absichten des anderen ganz gelassen und in Liebe, aber er geht in keiner Weise auf das Machtspiel ein. Wie ein trockener Alkoholiker die Flasche stehen lässt, so sagt ein echter Schöpfer einfach Nein zu unangemessenen Wünschen (und das sind alle, die mit Druck an euch herangetragen werden!), und das bereits in einem Stadium, in dem er noch ganz frei und unbehelligt in seiner Mitte steht. Bitte macht euch klar: Jeder, wirklich jeder, der eure Energie gegen euer ausdrückliches Einverständnis nutzen will, ist ein Täter, ein Energieräuber, auch wenn er noch so bedürftig daherkommt. Die Seele des anderen ruft laut danach, endlich gesehen zu werden, endlich auf sich selbst zurückgeworfen zu werden, um die eigene Kraft erforschen zu können, und wenn ihr überhaupt einen Liebesdienst erweisen wollt, dann grenzt euch klar und deutlich ab, und entlarvt seine Absichten in aller Klarheit und Liebe. »Ich weiß, dass du etwas brauchst, aber ich kann es dir nicht geben« ist so ein Satz, der den anderen würdigt, anerkennt und zu sich selbst zurückführt. »Ich sehe dein Bedürfnis, kann es dir aber nicht erfüllen« zeigt dem anderen, dass ihr ihn wirklich wahrnehmt, und das gibt ihm selbst die Chance, sich zu erkennen. Die meisten Energieräuber spüren nicht einmal mehr, wie groß ihre Bedürftigkeit ist – wie ihr eure eigene vielleicht auch nicht erkennt … Viele Menschen verwechseln ihre eigene Bedürftigkeit mit einem guten Selbstwertgefühl. »Ich will dies und jenes von dir haben, weil ich es mir wert bin …« Nun ja. Der richtige Ansatz wäre: »Ich erschaffe mir ein erfülltes Leben voll Licht und Liebe und wähle klug aus, mit wem ich dieses Energiefeld teile.« Es ist so wichtig, dass ihr euch selbst die Erlaubnis gebt, euch abzugrenzen. Vorhin sagten wir, ihr müsstet nicht lernen, mit Energieräubern umzugehen, und damit meinen wir, ihr braucht nicht zu lernen, nett zu bleiben. Ihr solltet aber unter allen Umständen lernen, euren wahren Impulsen zu folgen, selbst wenn sie noch so schwach geworden sind. Euren Selbsterhaltungstrieb kann man nicht vollkommen auslöschen, und darin besteht eure Chance. Der Ausstieg aus der Co-Abhängigkeit funktioniert über euren eigenen, sehr gesunden inneren Wächter, jenen Teil, der bereit ist, alles zu tun, um euch zu schützen. Er ist wahrscheinlich sehr entmutigt und sitzt geknebelt in einem Verlies. Ihr werdet wissen, wer ihn dort hineingesperrt hat. Jetzt brauchen wir ihn, es muss eine an das Erdenergiefeld angebundene, lebendige Kraft kommen, die euren Selbsterhaltungstrieb nährt. Aber, liebste Seelen, sie ist bei euch. Wir möchten euch diese Energie zeigen.

Schritt 2

Erkenne, dass es hilfreiche Kräfte in deinem Leben gibt.

Lerne dein Krafttier, deine Selbstheilungsenergie, deine Engel und die göttliche Ordnung selbst kennen, fasse Vertrauen, erkenne, dass es tatsächlich wundervolle, hilfreiche Kräfte in deinem Leben geben kann.

Jeanne Ruland, Schamanin und Autorin zweier wundervoller Bücher über Krafttiere[5], schrieb mir Folgendes: »Das Krafttier ist der persönliche Ratgeber in der ›Anderswelt‹, später auch in dieser Wirklichkeit, denn wir nehmen seine Zeichen und seine Kraft immer deutlicher wahr. Mithilfe unseres Krafttieres schaffen wir Unglaubliches, weil es uns für Probleme ungewöhnliche Lösungsmöglichkeiten bietet, an die wir überhaupt nicht denken. Das Krafttier bildet unseren Instinkt und unseren Vitalkörper, und es schützt unser Immunsystem. Fehlt es, fehlt auch eine wesentliche Schutz- und Führungsfunktion. Wenn das Immunsystem geschwächt ist, sind wir verletzlich, verlieren uns selbst im anderen und sind angreifbar. Wir werden zum Opfer. Sind wir in Kontakt mit unserem Krafttier, dann sind wir vital und lebenslustig und haben einen besonderen Ratgeber für alle Angelegenheiten unseres Lebens, der uns unabhängig werden lässt – vorausgesetzt wir folgen seinem Rat! Es steht uns jederzeit zur Seite.«

---

5 Jeanne Ruland: *Krafttiere begleiten dein Leben*. Darmstadt 2004 und *Krafttiere und Helfertiere. Weitere Begleiter für dein Leben*. Darmstadt 2009.

Ein Krafttier zu haben, das uns zur Seite steht, ist nicht nur eine schöne Vorstellung, sondern eine ganz reale, spürbare Erfahrung.

Warum wirst du eigentlich handlungsunfähig, wenn du dazu genötigt wirst, für jemanden etwas zu tun, was du gar nicht tun willst? Betrachte es einmal energetisch: Du stehst einigermaßen fest und sicher in deiner Mitte, fühlst dich gut. Jemand kommt und braucht oder will etwas von dir, sei es offen oder unterschwellig, sei es bewusst oder unbewusst. Und jetzt geschieht Folgendes: Du verlässt augenblicklich deinen eigenen Energiekreis und steigst in den des anderen mit ein – wie du es gelernt hast. Du hörst nicht auf deine eigene innere Stimme und auf deine Impulse, die dir auf der Stelle zeigen, was du willst, sondern du gehst aus deinem Energiefeld heraus, beschwichtigst deine Abwehrhaltung und redest dir deine gesunden und angemessenen Aggressionen aus. All das geschieht meist noch bevor du überhaupt bemerkst, dass du in eine Suchtschleife gerätst. Von hier an kann es nur noch abwärts gehen. Du stehst nicht mehr in deinem Kraftfeld, versuchst, den Erwartungen nachzukommen und die Situation zu kontrollieren, verlierst dabei noch mehr Energie, beginnst, dich schlecht zu fühlen und bemerkst jetzt endlich, dass du dich in einer co-abhängigen Schleife befindest – aber deine Energie ist schon so gering, dass du nicht mehr die Kraft hast, wieder auszusteigen und deine Selbstverantwortung zu dir zurückzunehmen! Wenn du bemerkst, was geschieht, bist du bereits zu sehr geschwächt, und deshalb kannst du nicht wieder heraus.

Wenn du präsent bist und spürst, was passiert, kannst du energetisch ganz wundervoll für dich sorgen, um Hilfe bitten und bewusst in deinem Energiekreis stehen bleiben. In den Bereichen aber, in denen du schockiert oder zu sehr konditioniert bist, läuft das gewohnte innere Programm ab. Bis du das erkennst, stehst du schon mit beiden Füßen im Sumpf. Und deshalb brauchst du eine Kraft, die dich dann wieder herauszieht, eine vitale Energie, die dir gibt, was dir die Situation selbst genommen hat.

Krafttiere sind uns in der Seele tief verbundene Wegbegleiter, ähnlich wie Schutzengel, aber mit einer anderen Energie. Sie stellen uns ihre besonderen Eigenschaften zur Verfügung und, wenn wir sie bewusst annehmen, helfen uns dabei, unser irdisches Leben zu meistern. Diese Krafttiere begleiten uns auf der Reise durch unser Leben. Sie verleihen uns Stärke, bieten Schutz und wirken als unsichtbare Ratgeber. Krafttiere wirken als Überbringer von Botschaften aus der spirituellen Welt und können uns daher auch zu einem höheren Bewusstseinszustand führen, wenn wir sie bewusst ansprechen und kennenlernen. Dem uns begleitenden Krafttier zu begegnen, kann lebensverändernd sein, weil viele von uns dadurch einen ganz neuen Zugang zu unserer eigenen Kraft und Weisheit finden. Zum einen können wir uns die Macht unseres Krafttieres zunutze machen, und zum anderen werden wir nie mehr das Gefühl haben, allein oder hilflos zu sein.

Hier die Stimme der Großen Tierseele:

Wir sind hier in allen möglichen Formen und Energien, und wir stehen euch zur Verfügung. Wir sind ein besonderer Teil der Schöpfung, verbunden mit spirituellen, aber auch mit sehr erdigen Kräften, und wir sind mit unserer Kraft, unserer Weisheit, unserem Durchsetzungsvermögen, unserer Leichtigkeit und unseren Kampfgeist für euch da, wenn ihr uns braucht. Wir sind immer hier, sei es, dass wir euch als tatsächliche, lebende Tiere erscheinen oder dass ihr unsere feinstofflichen Geschwister aus dem Reich der sogenannten Fabelwesen kennenlernt – auch sie sind real, existieren, waren allerdings nie inkarniert und halten somit, im Gegensatz zu vielen sehr kraftvollen Schwestern und Brüdern wie zum Beispiel dem Wolf, dem Tiger oder der Schlange, feinstofflichere, spirituelle Kräfte. Lernt uns kennen, und nutzt die Kraft, die wir euch anbieten. Wir sind ein feinstofflicher Anteil der Erde und dienen wie ihr dem Kosmos. Die Große Tierseele ist ein sehr großes Energiefeld, das dem der Engel in nichts nachsteht, wobei wir Krafttiere andere Aufgaben haben. Wir dienen im unteren Schwingungsfeld, sehr nah an der Frequenz der Erde, und stehen euch mit unseren Kräften zur Verfügung. So ist es vereinbart, und so sei es.

Dies ist eine geführte Meditation, mit deren Hilfe du deinem Krafttier begegnen kannst:

Dein Krafttier treffen

Mache es dir bequem, lege dir eine schöne Musik oder eine Trommelreise auf, und schließe deine Augen, nachdem du den Text gelesen hast. Erlaube deinem Verstand, einen Schritt zur Seite zu gehen, damit diese besonderen Energien wirken können. Begib dich nun auf eine Reise:

Stelle dir bitte einen Eingang vor, die Öffnung zu einer Höhle, ein von Menschen angefertigtes Tor, einen natürlich gewachsenen Durchgang … Lasse dir Zeit damit, aber entscheide dich für ein inneres Bild, es spielt gar keine Rolle, wie dieses Tor nun genau aussieht. Du gehst durch dieses Tor hindurch und bittest dein Krafttier, sich dir zu zeigen. Lasse bitte all deine Ideen darüber, wen oder was du gern als Krafttier hättest, los, und öffne dich für das, was nun kommt. Es kann sein, dass es dir gar nicht gefällt. Wenn du vor deinem inneren Auge ein Tier siehst, dann frage es bitte, ob es dein Krafttier ist, und höre, ob es antwortet. Sagt es Ja, ist alles gut, sagt es Nein, dann frage es, ob es dich zu deinem Krafttier bringen kann. Irgendwann erkennst du dein Krafttier. Wieder ist es nicht wichtig, ob es dir gefällt oder nicht, vertraue bitte deinen inneren Bildern, und lasse sie sein, wie sie sind.

Frage dann wieder »Bist du mein Krafttier?«, und sieh, was geschieht. Frage es nun, welche besondere Kraft es dir bringt und was es von dir braucht. Versprich ihm, das zu tun, was es dir aufträgt. Vielleicht kannst du das auch schon jetzt, während du es triffst, tun, vielleicht ist es verletzt und braucht deine Hilfe, vielleicht braucht es etwas zu trinken oder zu fressen, vielleicht ist es gar in einer Falle gefangen und will befreit werden. Sorge dafür, dass es dem Krafttier gut geht, und fühle seine Kraft und deine Freude, ihm endlich zu begegnen! Lasse dir Kraft geben, fühle, welche besondere Energie es dir zur Verfügung stellt, und frage es, ob es dir dabei helfen kann, Nein sagen zu lernen und dich abzugrenzen. Lasse dir zeigen, auf welche Weise es dir dabei hilft. Vielleicht gibt es dir einfach Kraft, vielleicht aber spürst du Druck oder sogar Schmerz. Dann will dich dein Krafttier durch diesen Schmerz daran erinnern, dass du deiner Energie nicht folgst. Lasse alles sein, wie es ist, diese Dinge geschehen auf ganz besonderen Ebenen, die sich deiner bewussten Kontrolle entziehen. Bedanke dich bei deinem Krafttier, und entscheide dich dazu, seine Kraft von nun an zu nutzen, immer dann, wenn du spürst, dass du sie brauchst. Dein Krafttier wird dich daran erinnern, wenn du es ihm erlaubst und ein wenig achtsam bist. Du hast nun einen guten Begleiter und einen treuen Freund an deiner Seite, und immer wenn du Rat brauchst, kannst du dich an dein Krafttier wenden. Verabschiede dich nun von ihm, oder nimm es einfach mit, tritt wieder durch das Tor, und komme zurück in den Raum, in dem du dich befindest.

Wenn dir das Konzept der Krafttiere nicht zusagt, dann darfst du dich natürlich auch jederzeit an Engel oder jede andere Kraft wenden, die für dich funktioniert. Es kann auch eine innere wilde

Frau oder ein innerer wilder Mann sein, eine unverfälschte, natürliche Energie, die ganz eng mit deinem Überlebenswillen verbunden ist. Selbstverständlich kannst du dich auch gleich an die Quelle jedes Lebens und jeder Ordnung, an das Licht oder an Gott wenden. Du wirst die Impulse und die Kraft bekommen, die du brauchst, um deinen Weg gehen zu können. In diesem Schritt geht es darum, eine Kraft zu finden, die dir dann hilft, wenn du selbst nicht mehr für dich da sein kannst. Das Krafttier, die innere wilde Frau, der innere wilde Mann und natürlich auch die göttliche Ordnung selbst, all das sind wirkende Energien, aber vor allem Bilder, die Energien beschreiben. Es kann genauso hilfreich sein, einen Baum deines Vertrauens um Hilfe zu bitten, deinen Heimatplaneten anzufunken oder eine keltische Gottheit zu rufen. Alles, was dir liebende, lebendige Kraft gibt, ist willkommen.

Es geht nur darum, eine Kraft für möglich zu halten und für dich zu definieren, der du vertraust und die dich zu deiner eigenen spirituellen Anbindung zurückführt, eine Kraft, die dich an deine seelische Heimat erinnert und dir das Gefühl gibt, endlich gehalten und getragen zu werden. Wie diese Kraft aussieht, ob du sie in einer Religion findest oder nicht, spielt wirklich keine Rolle, solange sie den geistigen Gesetzen und den Gesetzen des Lebens dient. Hier geht es um etwas Praktisches, was für dich funktioniert und dem du vertraust.

Vielleicht hast du, wie viele von uns, bereits deinen Gott, deine spirituelle Kraft, an die du dich wendest – schaue bitte genau hin. Funktioniert diese Kraft in deinem Leben? Trägt sie Züge eines strafenden Vaters, einer nicht allzu nährenden Mutter? Dann ist es sowieso nicht die Liebe Gottes, die dich bislang begleitet hat, und dann wird es vielleicht Zeit für eine Kraft, die ein bisschen mehr an Liebe und deiner Lebendigkeit interessiert ist. (Ich kenne mich überhaupt nicht mit dem Islam, dem Judentum und anderen Religionen aus, deshalb spreche ich sie hier auch nicht an. Bitte finde für dich jene Kraft, die deinem Glauben, deiner Art zu leben, entspricht, nimm sie an, und erlaube ihr, in deinem Leben zu wirken. Verzeihe mir, wenn ich deinen tief verwurzelten Glauben nicht erwähnt habe, weil er mir nicht vertraut ist. Alles, was dich hält und dir Kraft gibt, ist in diesem Schritt gemeint.)

Ein Hauptmerkmal jeder Sucht ist verqueres Denken. Du bemerkst vielleicht nicht einmal, dass du in einer co-abhängigen Struktur gefangen bist, dass du versuchst, es allen recht zu machen, weil du es so sehr gewohnt bist und gar nicht darauf kommst, dass du deine Entscheidungen zunächst mit deinem Höheren Selbst abstimmen darfst und es auch tun solltest. Deshalb ist es umso wichtiger, dass du dich dafür öffnest, eine Kraft in dein Leben zu lassen, die dir ganz klare und eindeutige Impulse gibt. Eine Sucht ist immer genauso klug wie dein Verstand. Deshalb kannst du dir selbst nicht mit logischen Argumenten beikommen. Das verquere Denken kann dagegenhalten: Es verdreht schlau alle Argumente ins Gegenteil. Es gibt aber eine andere Instanz als den Verstand, die dir zeigt, ob eine Situation gesund und klar ist oder nicht: dein unverzerrtes Gefühl für Richtig und Falsch. Öffne dich also für eine Kraft, glaube daran, und halte für möglich, dass es eine Energie gibt, die dir Zugang zu deinem klaren Ja und Nein verschaffen kann. Willst du das für uns, für die Schöpfung, für den Strahl der Liebe und Kraft, der durch dich auf die Erde kommen will, tun?

Wie du dich dafür öffnen sollst, fragst du? Eine gute Möglichkeit ist das Beten. Setze dich hin, schließe die Augen, und bitte darum, eine klare, reine, unverfälschte und an das höchste Wohl aller angeschlossene Kraft kennenzulernen. Mehr gibt es nicht zu tun, sei nur bitte offen für das, was sich zeigt, und lass deine Erwartungen los. Ja, das klingt leichter, als es ist, aber so ist das nun mal ... Du kannst das. Die Geistige Welt schickt dir jetzt, hier, in dieser Sekunde, ein Gefühl, ein inneres Bild für die Art der Kraft, die du brauchst. Bitte tue das nicht als Wunschdenken ab. Warum sollte dir nicht dein Lieblingstier als Krafttier erscheinen? Vielleicht ist es ja genau deshalb dein Lieblingstier.

Dies ist eine Meditation, die dir dabei helfen kann, diesen inneren Anteil zu erkennen:

Deine innere Kraftquelle

Mache es dir bitte bequem, und schließe deine Augen, wenn sich das für dich gut anfühlt. Atme ein wenig tiefer, am besten in deinen Bauch hinein. Das bewusste Atmen kann dir dabei helfen, abzuschalten und deine Aufmerksamkeit auf dich selbst, deine körperlichen Empfindungen, deine Gedanken und deine Gefühle zu lenken. Atme ein paar Mal ein und aus, und erlaube dir, mit jedem Atemzug innerlich ein bisschen freier und weiter zu werden. Das geschieht von allein, dazu musst du nichts weiter tun, als bewusst weiterzuatmen. Spürst du, wie gut das funktioniert?

Jetzt stelle dir bitte einen Ort vor, an dem du dich wirklich geborgen und gut fühlst. Das kann ein Platz in der Natur sein oder ein anderer, dir sehr vertrauter Ort, völlig egal welcher. Er braucht niemandem außer dir zu gefallen. Die Hauptsache ist, du fühlst dich wohl und aufgehoben, du kannst ganz und gar du selbst sein und brauchst niemandem etwas beweisen. Stelle dir vor, dass du wirklich an diesem Ort bist, ein bisschen herumläufst, dich vielleicht hinsetzt. Du bist ganz allein, und das fühlt sich sehr gut an. Niemand will etwas von dir, du brauchst es niemandem recht machen, du bist ganz und gar in Kontakt mit dir selbst, spürst deine Gefühle, vielleicht gar deine eigene Seele. Du bemerkst ein Tor, vielleicht einen überwucherten Durchgang zwischen zwei Bäumen, einen von Felsen geformten Torbogen oder eine Baumspalte, und schlüpfst hindurch. Nun hast du Zugang zu den heiligen Kräften der Anderswelt, wie die Schamanen sie nennen.

Auf einmal bemerkst du in einiger Entfernung eine Lichtkugel, ein Kraftfeld, ein Wesen oder ein Tier. Langsam nähert es sich, und du spürst, du kannst dem, was da auf dich zukommt, vertrauen, auch wenn du noch nicht weißt, was es ist. Es ist, als käme dein bester Freund, deine liebste, vertrauteste Freundin auf dich zu, der oder die sehr weise und gütig ist. Du spürst, dieses Wesen kennt und liebt dich genau so, wie du bist, und es hat nur dein Bestes im Sinn, das, was du wirklich brauchst, nicht das, was andere für dich wollen. Es kommt näher und näher, und du spürst, dass sich etwas in dir zu entspannen beginnt. Du weißt, du hast nun eine gute innere Kraft gefunden, an die du dich anlehnen kannst und die dir zur Seite steht, außerdem kannst du sie in jeder Situation deines Lebens um Rat fragen.

Nun kannst du es bereits erkennen, schaue genau hin, wie sieht es aus? Ist es ein Engel, ein Tier, etwas ganz anderes, Neues? Es spielt gar keine Rolle, wie es aussieht und wie du es wahrnimmst, das Einzige, was zählt, ist, dass du spürst, du kannst ihm voll und ganz vertrauen, es wird dich verstehen und führen.

Nimm dir jetzt Zeit, und probiere aus, wie es sich anfühlt, diesem Wesen mitzuteilen, was dich bewegt – oder sitze einfach still bei ihm, und lasse dir Halt und Stärke geben. Wann immer du Unterstüt-

zung brauchst, um deinen eigenen Weg zu gehen, kannst du dich ab jetzt an dieses innere Wesen wenden. Es wird dich fragen »Willst du das?« und dir die Kraft geben, das zu tun, was sich für dich richtig anfühlt.

Vielleicht spürst du diese Energie im Bauch oder im Herzen, vielleicht zeigt sie sich als Gefühl, als Gedanke oder als körperliche Empfindung. Alles ist richtig und gut, jeder nimmt sie unterschiedlich wahr. Lasse sie in dich einströmen, und genieße die Ruhe und Stärke, den Trost und die Liebe. Wenn es ein Tier ist, dann frage es, welche Botschaften und Eigenschaften es hat, welche Art von Kraft es dir zur Verfügung stellen kann. Und dann erlaube diesem Krafttier oder geistigem Wesen, dich mit seiner Energie zu erfüllen. Was ist nun anders? Kannst du besser und klarer mit schwierigen Situationen umgehen, wenn diese Kraft bei dir ist? Spüre bitte den Unterschied, und rufe diese Energie von nun an immer zu Hilfe.

Bleibe nun noch ein bisschen an diesem Ort, ruhe dich aus, und komme dann langsam und in der für dich angemessenen Zeit mit deiner Aufmerksamkeit zurück in den Raum, in dem du dich befindest. Du hast nun eine Kraft gefunden, die dir zur Seite steht und die immer für dich da ist.

Die Geistige Welt, die meine Bücher begleitet, diktierte mir diesen Brief an jeden von uns, geschrieben aus dem Höchsten Selbst heraus, damit auch du dich an deine eigene Göttlichkeit erinnerst:

Liebstes menschliches Wesen,

wir sehen dich. Wir sehen deinen Weg, und wir verneigen uns vor dem, was du durchmachst. Wir leuchten, wir sind die Schutzengel deines Seelenstrahles, wir halten ihn dir und lassen ihn heute besonders hell leuchten, damit du ihn spüren kannst. Wir streuen dir Rosenblüten auf den Weg und erinnern dich daran, wozu du auf die Erde gekommen bist. Erlaube uns, dir heute ganz besonders viel Freude und Licht zu schenken. Jetzt, in diesem Moment, verstärken wir den Strahl und ermöglichen dir einen besonders intensiven und leichten Zugang zur unermesslichen Lebendigkeit deiner Seele.

Ob du dich daran erinnerst oder nicht – du hattest eine Absicht, als du zur Erde kamst. In dir brennt ein Feuer der Liebe, der Begeisterung, der reinen Freude am Leben. Heute ist ein guter Zeitpunkt, um dieses Feuer deutlicher zu spüren oder auch neu zu entfachen, falls es dir auf deinem langen Weg auf der Erde abhandengekommen sein sollte oder nicht mehr so deutlich spürbar ist. So mache dich bereit, dieses Feuer, die Kraft und Energie deines eigenen Seins ganz neu zu erfahren.

Wir öffnen und halten dir den Raum und bitten dich, uns den Zugang zu dir zu erleichtern, indem du deine Vorstellungskraft nutzt. Wir sind hier, du brauchst uns eigentlich nicht zu visualisieren, damit wir erscheinen, aber es fällt dir selbst möglicherweise leichter, uns wahrzunehmen, wenn du deine inneren Bilder verwendest.

So stelle dir bitte das Energiefeld deiner Seele vor, ein Kraftfeld voller Farben, voller Töne, voller vibrierender Lebensfreude und Liebe. Ein Strahl reicht von diesem Kraftfeld aus durch alle Dimensionen hindurch zur Erde und in deinen Körper hinein. Durch diesen Strahl strömen unablässig Licht, Liebe, aber auch all deine Wünsche, Träume und Pläne zu dir hinunter, alles, was dich ausmacht und was du brauchst, um diese Inkarnation, dieses Leben auf der Erde in Erfüllung und Übereinstimmung mit deinem Seelenplan zu leben.

Betrachte dir diesen Strahl bitte genau, wie empfindest du ihn? Ist er kraftvoll, stark, fühlst du dich gut gehalten und genährt? Wo im Körper spürst du ihn, wo ist er verankert? Im Kopf, im Bauch, im Herzen, in der Wirbelsäule? Vielleicht durchströmt er dich wie ein Kanal aus Licht, vielleicht füllt er deinen ganzen Körper aus. Alles ist richtig, spür nur, wo er angebunden ist. Bitte darum, ihn einmal ganz deutlich und in all seiner Kraft und Schönheit wahrnehmen zu dürfen. Durch diese Bitte öffnest du dich noch ein Stück mehr.

Wir verstärken den Strahl jetzt, in diesem Moment, merkst du das? Vielleicht schlägt dein Herz ein bisschen schneller, dir wird warm, oder dein Körper kribbelt – du spürst die Energie deutlicher und nun ganz bewusst.

Über diesen Strahl bist du mit deiner Seele verbunden, hier ist deine spirituelle Nabelschnur, von hier aus nährt dich das multidimensionale Feld deiner eigenen Kraft. Wenn du es erlaubst, dann verstärken wir diesen Strahl noch ein bisschen mehr, öffnen deinen Kanal dafür weiter und weiter …

Es kann sein, dass du dich bisher oft allein gefühlt hast, den Eindruck hattest, du wärst nicht angebunden, du müsstest alles aus eigener Kraft machen.

Vielleicht fühlst du dich häufig, als würde dich nur ein ganz kleiner Strahl mit deiner seelischen Heimat, mit dem Stern, von dem du ursprünglich kamst, verbinden, und vielleicht fragst du dich, warum du dich überhaupt dazu entschieden hast, auf die Erde zu kommen. Diese seltsame Traurigkeit, die du spürst, ist Heimweh.

Wie kommst du nur darauf, dass du nicht Licht, nicht ganz und gar kraftvolle und schöpferische Lebensenergie sein könntest? Bitte dreh dich innerlich einmal um, sieh dich nicht als den Menschen, mit dem du dich identifizierst, sondern betrachte dich mit dem unermesslich großen Kraftfeld deiner Seele, dem reinen Ausdruck von Freude und Liebe. Bitte erlaub uns, dir ein Gefühl zu geben, eine Ahnung der unerschöpflichen Kraft, die du bist. Kannst du dir vorstellen, dass du dich nur deshalb so schwach und schuldig fühlst, weil du vollkommen vergessen hast, wer du in Wahrheit bist? Und dass sich diese Schuld auf der Stelle auflöst, wenn du es wieder erlebst und spürst, nicht nur weißt, sondern in jeder Zelle erfährst? So erlaube uns bitte jetzt, hier, in dieser Sekunde, bei dir zu sein, lasse dich führen, und komme mit uns – jetzt. Von Kraft und Freude erfüllte Menschen und Wesen, auch die Schöpferkraft selbst, antworten auf jeden Impuls jetzt, sofort, nicht erst in drei Tagen. Denn jetzt ist die Kraft da, die Energie, die richtige Welle da. Wie ein Surfer bereitsteht und genau weiß, wann er aufs Brett steigt, um die perfekte Welle zu reiten, so halte dich nun bereit, jetzt, für die Energie, die sich dir zeigen will und die du bist.

Und jetzt, wenn du mit dem schöpferischen Kraftfeld deiner Seele verbunden bist, jetzt bitte darum, deine Sternenheimat erfahren und dich selbst als Sternenwesen erleben zu können, das voller Liebe und Lichtkraft ist und dir unablässig Energie zufließen lässt, so viel, wie du es auf der menschlichen Ebene erlaubst. Und nun spürst du vielleicht bereits einen inneren Wechsel: DU BIST das Sternenwesen, und dein menschliches Selbst ist das Werkzeug, das sich für mehr und mehr Licht öffnen darf und kann und soll. Immer wenn in deinem Leben etwas schwer ist, ist das ein Auftrag an dich, dich in genau diesem Bereich für mehr Licht zu öffnen. Immer wenn dir das Sternenwesen, das du bist, mehr Licht und Energie in einen bestimmten Bereich deines Lebens schicken will, spürst du die Enge im menschlichen Sein – verschließt du dich nun, können wir nicht wirken! Jede Enge ist ein Auftrag, ein Hinweis, dich genau hier mehr zu öffnen, damit sich das Sternenwesen, das du bist, mehr und mehr mit all seiner Liebe und Lichtkraft auf der Erde zeigen und ausdrücken kann. Es will dich nur neue Tanzschritte lehren, damit du den Tanz der Liebe freier und fließender tanzen kannst!

Wie klingt das? Gibt es hier noch Schuld? Natürlich nicht. Nur Engstellen, die du öffnen darfst. Bleibe bitte bei dieser Sicht, bleibe im Bewusstsein des Sternenwesens, und nimm nun das menschliche Selbst liebevoll und voller Mitgefühl in die Arme, sage ihm, dass es wie ein Gefäß für Licht und Liebe ist, und je bereitwilliger es sich für dich öffnet, desto leichter und einfacher verändern sich die Dinge auch im Außen.

Wir achten, ehren und lieben dich unermesslich, mehr als du dir vorstellen kannst, für deine Bereitschaft, als Werkzeug des Lichtes zu dienen. Mögen unermessliche Fülle, Liebe und Freude durch dich auf die Erde strömen, und mögest du dich leicht und einfach dafür öffnen.

In Liebe,
Dein Selbst

Schritt 3

Fasse Vertrauen zu diesen hilfreichen Kräften.

Werde bereit, deine Angelegenheiten in die Hände dieser Kraft zu legen. »Mein Wille geschehe« ist der Satz, der von nun an dein Leben bestimmt – in Übereinstimmung mit deinem Seelenplan, dem, was dich erfüllt und glücklich macht, und deiner Bestimmung auf Erden.

Was ist es eigentlich, das einen Co-Abhängigen so tief verzweifeln, sich so abhängig und gebunden fühlen lässt, so gefangen in sich selbst, so unentrinnbar den Gefühlen und Bedürfnissen anderer ausgeliefert?

Wenn du co-abhängig bist, dann hast du in bestimmten Situationen keine Möglichkeit, in deiner Energie zu bleiben und zu spüren, was du willst, du kannst deine Wahrheit nicht sagen, dein Gehirn vernebelt sich. Du sinkst in einen inneren Sumpf aus Schuldgefühlen, Verzweiflung, Hoffnungslosigkeit und dem Glauben, dein eigener Weg würde andere so in Schwierigkeiten bringen, sie so sehr mit ihren eigenen Ängsten konfrontieren, dass du ihn lieber nicht gehen willst. Du fällst aus deiner eigenen hohen Schwingung heraus in den Morast der Sucht. Es scheint das Gegenteil dessen zu sein, was du auf die Erde bringen willst. Anstatt andere mit deinem Licht zu beglücken, scheint dein Weg andere ins Unglück zu stürzen, und dazu bist du nicht bereit. Wenn deine

Freiheit anderen so sehr wehtut, wenn deine Handlungen so viel Dunkelheit und Schwere beim anderen auslösen, woher sollst du dann die innere Erlaubnis nehmen, deinen Weg dennoch zu gehen, und willst du das eigentlich noch? Wenn du dich mit der Schwere anderer herumschlagen musst, nur weil du tust, was deine innere Stimme sagt, dann gehst du deinen Weg lieber erst gar nicht, oder? Als wäre es nicht schon mutig genug, der eigenen inneren Stimme zu folgen, musst du dich noch dazu immer wieder aus den Fängen derer befreien, mit denen du süchtig verstrickt bist. Und sie bekommen nie genug, egal wie sehr du auf sie eingehst, sie geben keine Ruhe – zumindest empfindest du es so. Dabei spielt es für dich gar keine Rolle, ob das überhaupt stimmt. Das ist mehr als ermüdend, es zehrt alle Lebensenergie auf, und es ist ein tief eingeschliffenes Muster.

Die einzige Lösung scheint zu sein, komplett auszusteigen und alles hinter dir zu lassen, aber so ganz richtig fühlt sich das auch nicht immer an. Kennst du dieses Fluchtbedürfnis? Die Idee, dass du, wenn es so schwer ist, lieber ganz gehst, das Land und die Erde verlässt? Gleichzeitig bist du so abhängig von der Energie anderer, von ihrer Liebe, ihrem Lob, ihrer Anerkennung oder auch nur von ihrer Aufmerksamkeit, dass du kribbelig oder unruhig wirst, wenn du sie zu lange nicht bekommst. Du spürst dich selbst nicht mehr, wenn du zu lange vom Versorgungssystem derjenigen, von denen du abhängig bist, getrennt bist, und du versuchst, die entstehende Leere mit irgendetwas zu füllen. Vielleicht bekommst du Schuldgefühle, glaubst, dich mal wieder kümmern zu müssen, dabei hast du selbst den Kontakt nötig. Womöglich tust du gerade dann etwas für andere, wenn du selbst etwas brauchst, weil du das Energieloch kaschieren willst.

Selbstverständlich kann das auch in Beziehungen passieren, in denen durchaus sehr viel Liebe und gemeinsames Potenzial vorhanden sind! Dann ist es noch schwieriger, auszusteigen, weil du zwischen Liebe und Co-Abhängigkeit nicht unterscheiden kannst. Du kannst nur dazu bereit werden, die Co-Abhängigkeit aus dir herauslösen zu lassen, denn dann siehst du, was übrig bleibt ... Weil die Sucht nach dieser Beziehung so sehr vorherrscht, kannst du nicht das teilen, was wirklich und stabil zwischen euch fließt, weil du immer mehr oder etwas anderes brauchst. Verstehst du, deine eigene *Sehn-Sucht* nach Liebe und Aufmerksamkeit verhindert gerade, dass du jene Liebe und Zuwendung, die du bekommst, annehmen und wertschätzen kannst. Mit jemandem tief in Liebe verbunden zu sein, heißt noch lange nicht, dass du wirklich eine stabile, gesunde Beziehung mit dem anderen führen kannst – schon gar nicht, wenn du selbst nicht gesund bist, sondern in der Co-Abhängigkeit verharrst. Alles, was du dazu beitragen kannst, dass deine Beziehungen tragend und stabil sind, ist, deine eigenen süchtigen und verzerrenden Anteile herauszunehmen – dann können wirklich Wunder geschehen. Sei es, dass du spürst, dass diese Beziehung wirklich nicht das ist, was du brauchst, obwohl du den anderen liebst, sei es, dass ganz neue Möglichkeiten entstehen. Du erhältst deine innere Klarheit zurück und kannst ganz deutlich unterscheiden, was für dich stimmig ist und was nicht.

Den anderen zu lieben, wie er nun mal ist, bedeutet dann nicht mehr, dass du unter seinem Verhalten heroisch und aufopferungsvoll leiden musst, sondern dass du ihn zwar so annimmst, wie er ist, aber für dich selbst entscheidest, welche Art der Beziehung (gerade weil du ihn nicht mehr verändern willst) überhaupt möglich ist.

Lasse mich hier bitte etwas einfügen, machen wir gemeinsam einen Ausflug in die Dimensionen der Seelenverwandtschaft, ja?

Über Seelenverwandte

Immer wieder treffen wir Menschen, mit denen wir uns tief verbunden fühlen, mit denen wir diese gemeinsame Schwingung haben, Menschen, die wir schon seit ewigen Zeiten zu kennen glauben. Das können Seelenverwandte sein, aber es kann genauso sein, dass diese Menschen die gleichen oder ähnliche Verletzungen in sich tragen wie wir. Wenn wir uns tief verbunden fühlen, dann ist es umso wichtiger, die Goldene Acht anzuwenden und innerlich am eigenen Platz stehen zu bleiben, denn nur dann können wir erkennen, worauf diese Verbundenheit gründet. Vielleicht kommen wir aus der gleichen Engelfamilie, erkennen uns einfach, weil wir aus dem gleichen Strahl kommen, ähnliche Aufgaben haben, denselben Schatz hüten. Vielleicht waren wir in vergangenen Leben Geschwister, Eltern und Kinder, Liebende. Wir spüren Zuneigung, Liebe, Verbundenheit.

Und nun kann es schwierig werden. Denn all das bedeutet noch lange nicht, dass es in diesem Leben eine gemeinsame Basis gibt. Du kannst auf geistigen und seelischen Ebenen mit sehr vielen Menschen und Wesenheiten verbunden sein – natürlich, wir sind ja letztlich sowieso alle eins. Aber welche Formen diese Energie auf der Erde hat, steht auf einem ganz anderen Blatt und hängt von deiner Lebensaufgabe ab, von dem, was ihr gemeinsam lernen wollt und von dem, was ihr miteinander verabredet habt. Gerade wenn ihr aus dem gleichen Strahl kommt, kann es sein, dass ihr ähnliche Aufgaben erfüllt und gerade deshalb keine intensive Beziehung zueinander haben könnt. Ihr würdet euch einfach nicht die entsprechenden Herausforderungen und Kraftquellen bieten! So verwechsle bitte nicht jede Seelenverwandtschaft mit irdischer Liebe. Es ist so leicht, zu verschmelzen und sich ohne Worte zu verstehen, wenn dir jemand begegnet, mit dem du auf seelischer Ebene eins bist. Aber weil du co-abhängig bist, solltest du genau hier sehr wachsam sein, denn du verschmilzt sowieso mit allem und jedem. Nutz also bitte die Acht, und schau genau hin: Was willst du teilen und was nicht? Verwechsle nicht die Ebenen, sondern spüre genau, auf welcher Ebene, in welcher Dimension euer Treffen stattfinden soll und kann, welche Art der Verbindung euch zuträglich ist und dem Ganzen dient und wo sich vielleicht Reste alter Inkarnationen wie ein Film vor eure Klarheit schieben. Nicht jeder Seelenverwandte ist auch ein guter Partner für dich, und nicht aus jeder geistigen Bindung muss eine Freundschaft oder eine Geschäftsbeziehung werden. Damit eine Beziehung auf der Erde tragfähig und gesund ist und dem Wachstum dient, braucht es viele Voraussetzungen. Seelenverwandtschaft ist dabei nicht die wichtigste, sondern die Bereitschaft, sich immer wieder zu öffnen und gemeinsam den Weg der Selbsterkenntnis und Klarheit zu gehen. DAS sind die Beziehungen, in denen wir wachsen. Eine Seelenverwandtschaft kann eine wunderbare Wohlfühlbeziehung sein, aber auch eine tiefe und schmerzhafte Herausforderung, je nachdem, was ihr euch für dieses Leben vorgenommen habt. Eine Seelenverwandtschaft kann dich sogar dazu herausfordern, deinen eigenen Weg zu gehen und die Beziehung zu verlassen, um dir selbst treu zu bleiben.

Wir wissen, dass uns genau die Menschen, mit denen wir auf seelischer Ebene am meisten verbunden sind, zu Diensten sind und uns bei unserer Entwicklung helfen. Das kann durchaus auf sehr schmerzhafte Weise geschehen, manchmal dauert die Beziehung nur Tage, Wochen, zwei, drei Monate, und du fragst dich, wie diese intensive Liebe so plötzlich wieder vorbei sein kann. Manchmal erfolgen Wachstum und Erkenntnis sehr rasch. Ihr begegnet euch, verschmelzt miteinander, tauscht eure Energien, und es reißt euch genauso abrupt wieder auseinander, wie ihr aufeinander zugestürzt seid. Auf geistiger Ebene könnt ihr euch durchaus weiter lieben, aber auf irdischer Ebene ist es vorbei, damit ihr euch einer neuen Form von Fülle und Liebe öffnen könnt. Es kann sein, dass dir eine Seele gerade aus Liebe irdischen Mangel an Liebe spiegelt. Ihr seid verbunden, aber es wird Zeit, zu gehen, damit das, was ihr euch spiegelt und zumutet, endlich aufhören darf – und genau das war eure Verabredung! Du kannst eine Beziehung aus Liebe zum anderen und zu dir selbst verlassen, verstehst du das? Damit machst du für euch beide den Weg zur Erfüllung und zu anderen Erfahrungen frei, immer dann, wenn du spürst, dass eure Wege beginnen, sich gegenseitig zu behindern, ihr leidet, und niemand bekommt, was er wirklich braucht.

Seelenverwandtschaften sind so vielschichtig und multidimensional, dass es wirklich wichtig ist, auf deinem Platz stehen zu bleiben und dich nicht hinreißen zu lassen, sondern in aller Ruhe zu schauen, was in der Dimension der Erde möglich ist. Du darfst lieben, wen du willst, auch diejenigen, die dir auf der Erde nicht guttun. Du brauchst dir keine Liebe aus dem Herzen zu reißen. Aber nicht jede geistige Liebe lässt sich auf der Erde in Form einer Beziehung verwirklichen. Dann nimm das Wesen in dein Herz, schicke ihm all deine Liebe, verneige dich vor seinem und deinem Weg auf der Erde, und wisse, in einer anderen Dimension seid ihr sowieso verbunden, sei das Wesen nun körperlich auf der Erde anwesend oder nicht.

Was ist es, das dich in dieser Situation so sehr gefangen hält, dir alle Freiheit und Selbstbestimmung nimmt? Es ist ein kompliziertes Muster aus mangelnder Beziehung zu dir selbst und daraus folgender Angst, innerer Leere, dunklen, vom Licht abgespaltenen inneren Anteilen, Abhängigkeit, der Furcht des Inneren Kindes, verlassen zu werden, der Idee, allein könntest du es nicht schaffen (was ja auf jedes Kind auch voll und ganz zutrifft, denn als Kinder sind wir auf Gedeih und Verderb auf unsere Eltern angewiesen). Außerdem mischt sich der Auftrag mit hinein, den du als Engel hattest, nämlich zu schützen und dem anderen das zu geben, was er braucht. Der Auftrag eines Engels allerdings bezieht sich darauf, dem anderen die Informationen zu geben, die er braucht, damit er den eigenen Weg erkennen kann, und ihm die Kraft zu verleihen, diesen Weg zu gehen – nicht das, was sein Ego braucht. Engel geben Hilfe zur Selbsthilfe, sie erhöhen das Bewusstsein, zeigen dir, wenn du sie rufst, wo dein Weg zu mehr Selbstverantwortung, Freiheit und Liebe entlangführt. Wenn du Engel rufst, erklärst du dich dazu bereit, deinen Weg zu spiritueller Selbstverantwortung zu gehen, du sagst Ja zu dem Schöpfer, der du bist, auch wenn dir das nicht bewusst ist. Engel antworten immer auf den Ruf der Seele, und deshalb scheinen sie dir manchmal nicht zu geben, was du erbittest. Sie geben dir aber immer das, was dein Höheres Selbst braucht und für richtig hält, selbst wenn dein Bewusstsein noch hofft, dass jemand anderes die Verantwortung für dein Leben übernimmt. Du dagegen versuchst, dem anderen das zu geben, was seine Begrenzungen und seine Angst von dir fordern, und deshalb fühlt es sich so falsch an. Es entspricht nicht den geistigen Gesetzen, den anderen und dich selbst in eurer Abhängigkeit zu stärken, indem du dich selbst verleugnest und gegen dein Gefühl handelst.

Solange eure gegenseitige Abhängigkeit deiner und der Seele des anderen dient, und sei es auch nur, damit ihr dieses spezielle Energiefeld erforschen könnt, fühlt ihr euch zwar nicht unbedingt gut, aber etwas in euch fühlt das innere Ja zu dieser Situation. Ihr spürt, die Zeit ist noch nicht reif, der Seelenvertrag ist noch wirksam, aber ihr fühlt euch trotz der schwierigen Lage richtig und im Fluss. Aber irgendwann kommt der Zeitpunkt, an dem du diese Gereiztheit bemerkst, du wirst wütend, aggressiv und spürst, dass die Energie zwischen euch nicht mehr frei fließt. Du beginnst, dein Nein wahrzunehmen und es immer mehr anzuerkennen. Der Vertrag läuft aus, und jetzt kommst du in Schwierigkeiten, denn du weißt nicht, wie du das dem anderen begreiflich machen sollst …

Bezeichnend für Co-Abhängigkeit sind die Unfähigkeit, selbstbestimmt, in Klarheit und innerer Freiheit zu bleiben, ebenso Depressionen und das Gefühl der Hoffnungslosigkeit. Du verlierst das Vertrauen in den Fluss des Lebens und meinst, die einzige Möglichkeit wäre die, zu flüchten und alles hinter dir zu lassen, diesem Spinnennetz aus Ansprüchen und Bedürfnissen, deinen eigenen und denen des anderen, zu entrinnen. Das mag ab und an auch zutreffen, aber meistens stimmt es nicht. Und weil du in dieser Situation regelmäßig emotional ohnmächtig wirst, brauchst du eine gute Kraft, die den Überblick behält.

Das sind, wie schon angesprochen, zum Beispiel Engel und die Helfer der schamanischen Welten. Sie haben den Überblick über alle wirkenden Energien, das ist ihre Aufgabe. Sie haben Informationen über das, was auf seelischer Ebene geplant und verabredet ist, und sie haben die Kraft und die Freiheit, die Dinge in jene Ordnung zu bringen, in die sie gehören. Wann immer du dich also in dem Geflecht aus Liebe, Verantwortungsgefühl, Angst und Abhängigkeit verstrickt hast, bitte Engel oder deine Helfer, dich weiter sehen lassen. Engel zu Hilfe zu rufen bedeutet im Prinzip nichts anders, als dass du bereit wirst, selbst eine höhere Sicht der Dinge zuzulassen. Sie erhöhen deine Frequenz und heben dich ein Stückchen ins Licht. Dadurch verlässt du das sehr niedrig schwingende Feld der Abhängigkeit und spürst dein Herz wieder – und letztlich findest du eben alle Antworten und jede Kraft, die du brauchst, in deinem eigenen Herzen. Wenn du sie um Hilfe bittest, dann führen sie dich in jene klaren inneren Räume, in denen du weißt, was zu tun und was zu lassen ist. Du gibst deine Macht nicht ab, sondern bittest darum, dorthin geführt zu werden, wo deine Selbstbestimmung, deine Klarheit und deine spirituelle Verantwortung verankert sind. Dein Krafttier oder jene Energie, die du in Schritt 2 für dich gefunden hast, gibt dir die vitale Kraft, deine Wahrheit in die Tat umzusetzen, dieses spezielle Licht der Klarheit auf der Erde mit Leben zu füllen und damit wirksam werden zu lassen. Damit eröffnest du dem anderen die Möglichkeit, selbst ein Stück über sich hinauszuwachsen und sich seiner eigenen Realität anzunähern. Du erweist dir selbst, der Schöpfung und der Seele des anderen einen ungeheuer wichtigen Dienst, wenn du deinem eigenen Licht folgst. Du nennst es vielleicht »egoistisch sein«, aber es ist genau das Gegenteil. Wenn du aus süchtigen Situationen aussteigst, nimmst du den Dienst an der Wahrheit und der Klarheit wieder auf, weil die göttliche Ordnung wieder ungehindert wirken darf. (Wenn du nicht an Engel oder Krafttiere glaubst oder dir das Ganze viel zu esoterisch oder schamanisch ist, dann streiche das Wort, und schreib stattdessen »Selbstheilungskraft« oder »natürliche Ordnung« – verstehe bitte, ich will dir keine Sicht der Dinge aufdrängen. Fühle dich auf der Suche nach deinen für dich wirkenden Kräften so frei wie möglich.)

Dein Leben in die Hände Gottes zu legen, bedeutet nichts anders, als anzuerkennen, dass es eine Kraft gibt, die viel besser als du selbst weiß, was du brauchst, die aber auch viel besser als du weiß, was andere brauchen, eine Kraft also, die alles im Griff hat. Letztlich bedeutet es, die Beziehung zu deinem allerhöchsten Potenzial wiederherzustellen. Das mag bei jedem anders aussehen, es liegt am Konzept des freien Willens. Wenn jemand nicht den göttlichen Gesetzen der Freiheit, der Liebe und der Selbstverantwortung folgen will, dann kann ihn das Leben nicht dazu zwingen. Aber es schreibt die Rechnung. Am Ende bekommt jeder, was er verdient, nämlich in Form des Bewusstseinszustandes, in dem er lebt und in dem bestimmte Gesetze gelten. Wer Gewalt sät, erntet Gewalt; wer Betrug sät, erntet Betrug. Wer sich dem Leben und den eigenen Lernaufgaben entzieht, die eigenen Bewusstseinschritte mit der dazugehörigen Öffnung nicht vollziehen will, der bleibt in seiner viel zu kleinen, engen und oft einsamen Welt gefangen – und dagegen kannst du nichts, aber auch gar nichts tun, denn das Konzept des freien Willens ist meist stärker als alle anderen auf der Erde wirkenden Gesetze. Der freie Wille meint, dass du selbst entscheidest, welche Energien in deinem Leben wirken und welche nicht, indem du dich immer wieder neu ausrichtest. In deiner Entscheidung, dieses Buch zu lesen und dich mit deiner eigenen Unfreiheit zu beschäftigen, zeigt sich dein freier Wille. Du übernimmst die Verantwortung und entscheidest womöglich, dass du von nun an anders reagieren willst.

Was aber tust du, wenn du wie ein Schwamm alle Energien um dich herum aufsaugst, wenn du es nicht vermeiden kannst, dich von den Gefühlen anderer anstecken zu lassen, wenn du schon allein deshalb alle Schwierigkeiten beseitigen musst, weil dich die Energiefelder anderer sonst immer wieder hinunterziehen? Den meisten von uns Co-Abhängigen fehlt eine Art emotionaler Schutzschild, wir gehen in Resonanz mit jeder Schwingung, die uns das Leben vor die Füße legt, egal ob sie etwas mit uns zu tun hat oder nicht. Es ist, als wäre unser Emotionalkörper dann zu fein abgestimmt, zu wenig in der Lage, seine eigenen Schwingungen stabil zu halten. Unser Energiefeld ist störanfällig, was uns zwar wunderbar feinfühlig sein lässt, uns aber jede Kontrolle und Selbstbestimmung über unseren Energiezustand raubt. Was also kannst du tun, wenn das bei dir so ist? Bitte um Hilfe. Lege dein Leben in die Hände der göttlichen Kraft, und bitte darum, an genau der Stelle verstärkt und gekräftigt zu werden, an der du Schutz und eine stabile innere Struktur brauchst.

Hier ist eine kleine Meditation, die dir rasch helfen kann, wenn du Schutz benötigst:

Mache es dir ganz bequem, schließe deine Augen, und erlaube dir, dich auszuruhen. Du brauchst nichts mehr zu tun, du darfst dich ganz und gar entspannen, so gut du das heute eben kannst. Nun stelle dir bitte vor, dass du in einer Art goldenem Ei liegst. Diese Hülle kann sehr fest und stabil sein, vielleicht ist sie auch weich und dehnbar oder eher wie ein Lichtschein – sie ist genau so, wie es sich für dich gut anfühlt und wie du es heute brauchst. Du hast genug Platz in diesem Ei, um es dir ganz gemütlich zu machen und dich auszuruhen. Das Besondere in diesem Ei ist, dass dich niemand stört, dass dich keiner aufregt, dass du vollkommen unangreifbar bist. In der Hülle strahlt ein wundervoll goldenes Licht, das dich durchströmt und dir Kraft gibt. Es fließt überall hin, wo es gebraucht wird und hilft deinem Körper dabei, neue Energie zu tanken. Du spürst, wie du dich mehr und mehr entspannst, und du atmest auf, denn hier bist du wirklich sicher und geschützt. Wie ein Schmetterling sicher und geborgen in seinen Kokon eingehüllt ist, während ihm Flügel wachsen, so kannst auch du dich immer dann in diese goldene Hülle zurückziehen, wenn dich die Welt da draußen nervt oder du zu viele Ansprüche erfüllen musst. Dieser Ort ist dein persönlicher Rückzugsort, hier wirst du genährt und bekommst genau die Energie, die du brauchst, um wachsen und dich entfalten zu können. Stelle dir vor, dass dein Schutzengel dieses Ei liebevoll in seinen Händen hält und mit seiner Liebe erfüllt. Es gibt einen Lichtstrahl, der direkt vom Himmel oder aus der Erde kommt (was dir lieber ist) und der in dieses Ei hineinfließt und dich fortwährend mit Energie versorgt, damit du alles entfalten kannst, was durch dich auf die Erde kommen will. Du hast in dieser Hülle die Möglichkeit, dich völlig zu entspannen, dich von allen Außenreizen abzuschirmen. Nutz sie immer dann, wenn dir alles zu viel wird oder du das Gefühl hast, dich selbst gar nicht mehr so richtig wahrzunehmen, immer dann also, wenn du eine Tür brauchst, die du hinter dir zumachen kannst. Die Eihülle verändert sich, sie ist immer genauso dick, wie du sie brauchst – mal ist sie nur ein dünner Schleier, wenn du ein bisschen Schutz brauchst, mal ist sie undurchdringbar, wenn dir alles über den Kopf wächst.

Bleibe nun noch ein bisschen liegen, ruhe dich aus, und wenn du soweit bist, dann komme zurück in den Raum, in dem du dich befindest. Du weißt, diese Hülle ist immer bei dir, und du kannst sie jederzeit nutzen, egal ob du allein oder mit anderen zusammen bist.

Über die Sucht, gebraucht zu werden

Wie soll uns eine göttliche Kraft helfen, wenn wir uns so tief in die Bedürfnisse anderer verstrickt haben, dass wir tatsächlich glauben, dass diese anderen es ohne uns nicht schaffen können, wir selbst aber auch nicht mehr zur Verfügung stehen wollen, weil ihre Bedürftigkeit über unsere Kräfte geht und sich ein ganz natürliches inneres Abwehrsystem zu melden beginnt? Was fehlt, welchen Schlüssel dürfen wir anwenden?

Wir haben vielleicht vergessen, dass nicht nur wir selbst geführt werden, sondern jeder andere auch. Auch der, der so völlig von uns und unserer Energie abhängig zu sein scheint, hat einen eigenen Seelenplan, ein eigenes Kraftfeld; Gott wacht auch über ihn. Jeder von uns hat seine Führung, seine Schutzengel. Die Schutzengel der anderen planen uns nicht als feste Größe in ihren Dienst mit ein. Wir sind nicht der Schutzengel anderer, wir haben unser eigenes Schicksal zu tragen, und damit sind wir mehr als genug beschäftigt. Zu unserem Schicksal gehört nun mal auch, zu lernen, uns aus den Angelegenheiten der anderen rauszuhalten.

Wir ziehen Menschen in unser Umfeld, die uns zu brauchen scheinen, die Hilflosigkeit signalisieren, und wir gehen Beziehungen mit ihnen ein, weil das unser Suchtmuster ist. Wie bedürftig diese Menschen tatsächlich sind, ist dabei ziemlich gleichgültig, das Wesentliche ist, dass wir uns als hilfreich erweisen können. Was tun wir nun, wenn wir erkennen, dass wir unseren geliebten Partner, einen Freund oder eine Freundin mit genau dieser Energie in unser Leben gezogen haben, jetzt aber selbst genesen wollen? Was tun wir, wenn der andere nicht dazu bereit ist, seine Hilflosigkeit aufzugeben und seine eigene Kraft anzunehmen? Nun, unsere Genesung ist nicht davon abhängig, dass der andere seine Selbstverantwortung zu nutzen beginnt, aber natürlich macht es sie sehr viel leichter. Wenn wir den Inhalt des Päckchens oder des riesigen Pakets, das wir uns für den anderen auf die eigenen Schultern geladen haben, nach und nach abgeben, hilft es uns natürlich sehr, wenn der andere das Päckchen oder Paket auch haben will, es uns bereitwillig abnimmt. Wenn er das nicht tut, dann dürfen und sollten wir es an den Schutzengel des anderen übergeben, durchaus ganz wörtlich in einem inneren Bild. Ob der andere seine Selbstverantwortung nutzt oder nicht, können wir nicht beeinflussen. Wir tragen dafür Sorge, dass unsere Abhängigkeit davon, dass der andere uns braucht, keine neue Nahrung bekommt.

Wenn du also ein inneres Nein spürst, dann lasse es zu, dann folge ihm, auch wenn du nicht weißt, wie es für den anderen weitergeht. Wie gesagt, wir alle werden geführt, und wenn du für den anderen nicht mehr als Kraftquelle zur Verfügung stehst, dann gibst du damit Gott eine Chance, für den anderen neue Kanäle zu erschaffen. Du weißt doch, wenn eine Tür sich schließt, dann öffnet sich ganz leicht eine andere, und das gilt auch hier. Wenn du nicht mehr zur Verfügung stehst, dann gibt es für den anderen eine andere, wahrscheinlich sogar bessere Lösung. Es geht in deiner Genesung nicht darum, dass der andere etwas lernt, aber es kann helfen, zu wissen, dass du ihn nicht im Regen stehen lässt. Auch ihm dient deine Genesung, du gibst Gott eine Chance, anders zu wirken als nur durch dich. Es ist unsere Krankheit, unsere Sucht, gebraucht zu werden, nicht die Bedürftigkeit des anderen, die uns so sehr zu schaffen macht und uns bis an den Rand eines Nervenzusammenbruchs (und darüber hinaus) führen kann. Co-Abhängigkeit ist wie jede Sucht ernstzunehmend und wird unbehandelt schlimmer. Sie kann zu körperlichen Krankheiten, zu Depressionen, Angstzuständen und als letzte Konsequenz bis hin zum Freitod führen. Wenn du in dich hineinspürst, dann weißt du das auch, denn du kennst diese Tage, an denen dir alles derart zu viel ist, dass du nicht mehr hier sein willst, an denen dich das Leid der Welt zu ersticken droht und du dich ernsthaft und mit Recht fragst, was du hier eigentlich willst. Dann ist es Zeit, dich völlig zurückzuziehen, die inneren Schotten dicht zu machen und dich auf dich selbst zu besinnen. Diese seltsame Gefühllosigkeit, die du vielleicht manchmal erlebst, ist ein Schutzmechanismus deines eigenen emotionalen Systems.

Schritt 4

Erkenne, auf welche Weise du selbst dafür sorgst, dich wertlos zu fühlen.

Selbsterkenntnis ist bekanntlich der erste Schritt zur Besserung deiner Umstände: Erkenne, wie du dich selbst immer wieder abwertest, verurteilst und dafür sorgst, dich wertlos zu fühlen.

Es gibt Verhaltensweisen, die dazu führen, dass wir uns selbst immer wieder schwächen und entmutigen. Dann kann uns das Leben, die Geistige Welt oder Mutter Erde noch so viel Energie zur Verfügung stellen, sie verpufft immer wieder.

Wie wir alle bist du in folgendem Dilemma: Wie kannst du lernen, dich frei, licht und leicht zu fühlen, obwohl es eine Vielzahl von Ansprüchen gibt, die du erfüllen musst, deine eigenen noch gar nicht dazugerechnet? Was erwartet deiner Meinung nach die Welt von dir, was wollen dein Chef, deine Mutter, das Finanzamt, deine Klienten, deine Kinder, dein Mann, deine Frau? Was will die Geistige Welt, auf welche Weise sollst du dienen, was glaubst du, ist dein Seelenplan, wie erfüllst du den hohen Anspruch, den unglaublichen Auftrag, den wir alle haben (oder zumindest zu haben glauben), das Licht auf die Erde zu bringen? Bist du erfolgreich dabei, oder spürst du auch immer wieder das Scheitern?

Was solltest du sein, tun, besser können, weniger tun, wie redest du den ganzen Tag mit dir? Du weißt natürlich, dass du liebevoll und achtsam mit dir umgehen sollst und darfst, aber letztlich, wenn du ganz ehrlich bist, tust du das nicht, oder? Zu hoch sind die Ansprüche der anderen, zu groß ist die Angst, nicht genug Geld zu haben, nicht geliebt, nicht anerkannt zu werden, sei es von deinen Mitmenschen oder auch von der Geistigen Welt. Du lebst in einem klebrigen Gespinst, einem Netz aus Angst, aus Forderungen und Erwartungen von anderen an dich, von dir an andere und am meisten von dir an dich selbst.

Du fragst dich: »Sollte ich als freies, spirituelles Wesen, das Bestellungen ans Universum abgibt, das manifestiert und meditieren kann, das im Vollbesitz seiner geistigen Kräfte ist oder zumindest auf dem Weg dahin, sollte ich nicht, der (oder die) ich meinen Seelenplan zumindest zum Teil kenne, der (oder die) ich alle Möglichkeiten habe, Hindernisse jeder energetischen Art aus dem Weg zu räumen, sollte ich nicht Herr (oder Herrin) über mein Schicksal sein? Was nutzt mir all das Feng-Shui, all das Bestellen, das Loslassen, das innere und äußere Aufräumen, wenn ich letztlich doch nichts kontrollieren kann? Wo sind die Engel, wenn ich wirklich einen brauche?«

Kann es nicht sein, dass eine Depression, diese Schwere, diese Antriebslosigkeit, dieses ohnmächtige Gefühl, unter anderem einfach Ausdruck deiner echten Ohnmacht ist, der Ohnmacht deines

Willens? Du kannst machen, was du willst, wenn etwas nicht sein soll, dann soll es nicht sein, egal wie sehr du es dir wünschst. Und wenn etwas ansteht, dann kannst du es nicht verhindern. Die Dinge geschehen in ihrer eigenen Zeit, und das Leben fließt, wie es nun mal fließt.

Wir sind auf menschlicher (nicht auf geistiger oder spiritueller!) Ebene viel mehr Spielball unseres Schicksals, als wir glauben und wahrhaben wollen, kann das nicht sein? Haben wir vielleicht etwas falsch verstanden? Wir können unser Leben nicht vermeiden, wir können uns ausrichten, und das tun wir ja auch, aber das, was ansteht und uns zufällt, was für uns gedacht ist, kommt unweigerlich. Und das, was nicht für uns gedacht ist, kommt eben nicht. Wir können und müssen diesen ersten und noch ein paar weitere Schritte gehen, aber wenn das Leben nicht auf uns zukommt, dann können wir es nicht ändern. Alles andere zu glauben, ist zynisch. Niemand »bestellt« beim Universum, trotz tiefstem Wunsch nicht schwanger zu werden, sein Kind zu verlieren oder Krebs zu bekommen. Dem Menschen dann zu sagen, er habe sich nicht genug ausgerichtet, ist einfach unfair, und es stimmt auch nicht. Wir haben Verabredungen und einen Seelenplan. Sicher können wir diesen ändern, aber das geschieht in anderen, sehr hoch schwingenden Dimensionen, nicht auf der Ebene des Denkens und Handelns. In diesen sehr hoch schwingenden Dimensionen verstehen wir weitaus mehr und kommen mit vielem in Frieden, selbst wenn sich im Außen nicht viel zu ändern scheint.

Noch einmal: Natürlich ist die notwendige Voraussetzung für ein erfülltes Leben die, dass wir uns ausrichten und unser Denken, unser Fühlen und unser Handeln aufeinander abstimmen, dass wir Gott und dem Leben diese ersten Schritte entgegengehen. Wir sind Schöpfer, und wir sind verantwortlich für die Energien, die wir durch unser Denken, unser Fühlen und besonders durch unser Handeln in unser Leben hineinbitten. Das ist nicht neu, es ist auch kein Geheimnis, es ist die Basis. Unsere bewusste Ausrichtung ist aber nicht die hinreichende Voraussetzung – diese findet in weitaus größeren Zusammenhängen statt, in Übereinstimmung mit dem, was wir uns auf einer hohen Ebene zu erfahren und zu lernen vorgenommen haben. Es ist ein geistiges Gesetz, dass sich unsere Gedanken (die Ausdruck unserer bewussten und unbewussten Absichten sind) verwirklichen, aber es ist nicht das einzige, und es steht immer in engstem Zusammenhang mit all den anderen geistigen Gesetzen, die sich in unserem Leben entfalten. Das wissen wir längst.

Kann es nicht sein, dass wir diese ganzen absurden Ansprüche von uns weisen sollten und uns dem Fluss des Lebens hingeben dürfen? Wer sagt denn, wie wir zu sein haben, damit wir liebenswert sind, warum muss erst unser Keller tipptopp in Ordnung sein, bevor unsere Energie frei fließen kann? Wie innen, so außen, wie oben, so unten, ja, natürlich. Aber das können wir nicht manipulieren. Und wir sind letztlich wie gefangen in unserer Angst. Wären wir wirklich frei, dürften wir das Phänomen »Angst« nicht im Gepäck haben. Dann könnten wir vollkommen unserem Herzen und unserer inneren Stimme folgen, dann wäre das Leben ein Kinderspiel, denn dann wären wir wahrhaftig frei. Es ist immer Angst, die uns lähmt, und welche Argumente gibt es gegen Angst? Keines, das wirklich greift, denn die Angst hat ja recht. Wir werden sterben, ganz einfach. Wir werden Verluste erleiden, und es kann passieren, dass wir verlassen werden.

Wir können eben nicht alles kontrollieren, und das wissen wir natürlich auch. Wir können nur immer wieder versuchen, in Frieden mit dem zu kommen, was eben geschieht. Noch mal: Wir SIND Schöpfer, und unsere innere Ausrichtung und Haltung sind maßgeblich. Das steht ja gar nicht infrage, das wissen wir alle. Aber sie verhindern nicht das, was uns zufällt, wenn es zu den Erfahrungen gehört, mit denen wir umzugehen lernen wollten. Das Gegenteil von Kontrolle (und auch allzu eifriges innerliches Ausrichten ist Kontrolle, denn ein klarer Impuls aus dem Herzen genügt) ist Vertrauen, erinnerst du dich?

Wie können wir es also wagen, zu leben, unseren Kopf zu heben und voll und ganz mit all unserer Lebendigkeit und Lebenskraft auf der Erde sein, wenn wir wissen, durch was wir hindurchmüssen? Gerade wenn es schwierig wird, brauchen wir unsere volle Achtsamkeit und Aufmerksamkeit, aber gerade dann wollen wir lieber nicht so deutlich spüren, richtig? Wie wollen wir unserer Energie folgen, den inneren Impulsen, wenn sie uns sagen, wir sollen bitte eine Auszeit nehmen, wenn unser Chef und unser Vermieter aber anderer Meinung sind? Woher sollen wir diesen ungeheuren Mut nehmen, uns dem Leben tatsächlich zu stellen, voll und ganz da zu sein, alles zu spüren, damit wir handlungsfähig werden? Der Weg aus der Selbstabwertung führt nur über das Fühlen, über unsere echte Anwesenheit, darüber, dass wir das Zepter unseres Reiches wieder in die Hand nehmen und regieren. Dass wir »Nein« sagen, wenn wir ein Nein spüren und zustimmen, wenn das Herz »Ja« ruft.

Wie können wir diesen Widerspruch, diese Diskrepanz erlösen, wie lernen wir, zwar Schöpfer unseres Lebens, unseres eigenen Glückes Schmied zu sein, uns aber gleichzeitig voller Demut und Hingabe dem Strom des Lebens anzuvertrauen? Wie erlösen wir uns selbst aus dem Wollen und Tun, wie fließen wir hinein in das Geschehen-Lassen, ohne dabei unsere Schöpferkraft zu verlieren? Und ist das befriedigend? Wozu haben wir unseren Willen? Ja, wozu haben wir ihn, wenn er doch letztlich nicht wirklich etwas bewirken kann? Und wenn uns das vermeintliche Wissen, dass wir, wenn wir spirituell nur gut genug drauf wären, alles, was wir uns vornehmen, erreichen könnten, antreibt oder lähmt, aber niemals entspannt sein lässt? »Geht nicht, gibt's nicht«, propagieren viele spirituelle Bücher, es ist alles eine Frage unserer Schöpferkraft. Ist dir klar, unter welchen Druck du gerätst, wenn du dich nicht einmal mehr als Opfer fühlen darfst, obwohl du dich aber nun mal so wahrnimmst?

Die Engel sagen dazu Folgendes:

Lasst diese inneren Fragen doch so stehen, und erkennt sie als genau die Fragen an, die das Menschsein eben aufwirft – und hört auf, euch danach zu beurteilen, wie gut ihr in der Lage seid, diese Fragen, diese inneren Konflikte zu vermeiden.

Denn all das ist noch lange kein Grund, sich gelähmt und schwer zu fühlen, so antriebslos und aggressiv zugleich. Es sind Forschungsprojekte, weiter nichts. Es ist euer Urteil, das alles so schwer macht, die Idee, ihr müsstet glänzen und brillieren, dürftet euch nicht die Hände schmutzig machen, euch nie irren und nicht scheitern. Dabei könnt ihr gar nicht forschen, ohne euch zu erlauben, dabei manchmal auch ziemlich unsicher und komisch zu wirken.

Erlaubt euch, die Fragen zu stellen, ohne euch dafür, zu prügeln und zu bewerten, ja? Denn genau deshalb seid ihr ja hier, um diese Antworten zu finden, oder? Wie könnt ihr lernen, euch dem Leben zu stellen, wenn ihr vor Angst oft wie gelähmt seid, woher bezieht ihr immer wieder die Kraft, doch einen kleinen Schritt weiterzugehen, was genau lähmt euch, und wie könnt ihr das hinter euch lassen? Wie schafft ihr es, Stück für Stück aus dem Sumpf der Selbstabwertung herauszutreten, in kleinen Schritten, so, wie es nur für heute möglich ist?

Seid ihr dazu bereit, neue Wege zu gehen, in kleinen Schritten, auch und gerade obwohl ihr so sehr erschöpft seid? Neue Wege, die vielleicht in eine ganz andere Welt führen, eine ursprüngliche, lebendige und doch neue Energie? In ein Land, in dem ihr einfach ihr selbst sein könnt, auch wenn ihr im Moment wirklich nicht wisst, wie ihr das anstellen sollt, in ein Land, in dem nicht einmal mehr eure eigenen Ansprüche an euch selbst Gewicht haben?

Dazu schauen wir uns die Ketten an, die wir noch immer mit uns herumschleppen, ja? Es kann nicht sinnvoll sein, unerfüllt und voller Selbstverachtung durch die Welt zu laufen. Licht und Liebe wollen wir alle gemeinsam bringen, also leben wir alle doch bitte auch in Licht und Liebe, ja?

Also, eine Liste muss her, das ist der vierte Schritt, die Inventur. Wenn du nicht gern schreibst, dann sprich sie auf Band, oder finde einen anderen Weg, es dir klarzumachen. Vielleicht willst du Musik dazu schreiben oder sie als Bild ausdrücken, eine Skulptur erschaffen … Bitte find einen Weg, Bewusstsein und Klarheit über deine Lasten zu erlangen. Auf welche Weise verurteilst du dich immer wieder? Was wirst du dir selbst oder anderen niemals vergeben? Und was wirst du Gott und dem Leben niemals vergeben?

Der Therapeut und Autor Colin C. Tipping lehrt in seinen Seminaren, dass es menschliche Basisverletzungen gibt, die wir alle mehr oder weniger vollständig durchlitten haben. Wir alle sind betrogen worden, haben schwere Verluste, Krankheiten und Sucht erlebt, waren am Boden zerstört, weil wir verlassen wurden, wir alle sind für das, was wir sind, verurteilt worden, haben unsere Träume verraten, sind getötet worden, wir alle haben Fehlgeburten und den Tod unserer Kinder erlebt, hatten Abtreibungen, wollten uns umbringen, wir alle sind sexuell missbraucht, geschlagen, verraten, ausgenutzt und verkauft worden, und wir alle haben das ein oder andere, wenn nicht gar alles, anderen zugefügt. Wir alle haben uns von Gott so sehr verlassen gefühlt, dass wir dem Teufel dienten, und wir alle fühlen uns auch deshalb nicht mehr gut genug für Gottes Liebe. (Wenn nicht in diesem, dann in vergangenen Leben, falls du daran glaubst. Wenn nicht, dann kannst du sicher dennoch einiges auf dieser Liste abhaken.) In seinen Arbeiten zur radikalen Vergebung schreibt Tipping, wie viele andere auch, dass wir, wenn wir wirklich frei werden wollen, nicht umhinkommen, all diese schrecklichen Verletzungen anders wahrnehmen zu lernen, eine andere Ebene zu betreten und den spirituellen Gewinn dahinter zu erkennen. Das klingt absurd, wenn wir sehr verletzt sind, auch wenn wir natürlich wissen, dass es so ist. Ich will dir nicht zumuten, deinem Peiniger zu vergeben. Könntest du es, hättest du es längst getan. Ich wage auch nicht, dich dazu zu ermutigen, dir selbst zu vergeben, ich weiß selbst, dass es Dinge gibt, die wir uns anscheinend selbst nicht verzeihen können und vielleicht auch nicht verzeihen dürfen, weil sie andere mitbetreffen.

Wir brauchen eine andere Sicht der Dinge, wir müssen uns dafür öffnen, die göttliche Ordnung und die unendliche Liebe unserer Seele sogar in diesen Ereignissen zu erkennen, weil wir sonst darin gefangen bleiben, stimmst du da mit mir überein? Wir können dazu bereit werden, den Unmut hinter uns zu lassen und in Frieden zu kommen, auch wenn wir nicht wissen wie. Unsere Bereitschaft ist der Schlüssel zu innerem Frieden, denn diese Bereitschaft erlaubt es uns, die »Waffe Groll« niederzulegen.

Wir dürfen uns dafür öffnen, wir dürfen sogar darauf bestehen, die Geheimnisse der Schöpfung offenbart zu bekommen, wenn sie uns so direkt betreffen – sonst spüren wir die Führung nicht! Wir dürfen dazu bereit werden, das Wirken einer Ordnung anzuerkennen und diese Ordnung so zu verstehen, wie uns das möglich ist. Und wir können, einfach indem wir es entscheiden, dazu bereit werden, auf der menschlichen Ebene mit dem in Frieden zu kommen, was das Leben uns zugemutet hat. Auf der seelischen Ebene SIND wir im Frieden, aber da stellen sich auch all die Fragen nicht. Es ist die menschliche Ebene, die unseren eigenen Trost, unsere persönliche Fürsorge und unser volles Mitgefühl braucht. (Deshalb nutzt es dir nichts, wenn jemand sagt, du hättest es auf der seelischen Ebene so entschieden, das nimmt dir nicht den Schmerz, im Gegenteil. »Wie konnte mich meine Seele so sehr in Schwierigkeiten bringen, mich so sehr verraten?«, fragst du dann zu Recht. Du verlierst womöglich gar das Vertrauen in deine eigenen seelischen Entscheidungen, wenn sie dir so wehtun und dich mit so viel Schmerz und Verlust konfrontieren. Verstehst du, wir müssen uns um den menschlichen Anteil kümmern, der all das, was wir so lichtvoll und in Übereinstimmung mit der Schöpfung entscheiden, durchmachen und fühlen muss!)

Ich möchte dich also dazu ermutigen, dir etwas zu schreiben zu nehmen und gleich eine Liste zu beginnen: Was kannst du dir selbst niemals verzeihen? Und in welchen Bereichen bist du zutiefst mutlos geworden, wo, glaubst du, kannst du dich, selbst wenn du wolltest, nicht mehr öffnen und vertrauen? Was hat dir den Lebensmut genommen, und wofür verurteilst du dich selbst so schrecklich? Wann hat Gott dich verlassen, was wirfst du ihm vor? (Natürlich ist Gott kein Wesen, sondern ein sich selbst ordnendes Energiefeld, und das alles klingt sehr persönlich und kindlich, aber das Gefühl dazu ist nun mal kindlich. Deshalb dürfen wir das menschliche Wesen, das von Gott und dem Leben so schwer enttäuscht wurde, da abholen, wo es nun mal steht.) Auf welche Weise bestrafst du dich selbst, wie redest du mit dir, was fügst du dir selbst täglich zu? Wo folgst du nicht deiner inneren Stimme, wo bist du viel zu hart und streng mit dir selbst? Und wo lässt du dir viel zu viel durchgehen, folgst nicht deinen Impulsen, sondern liegst lieber träge herum?

Du wirst deine Gründe haben, aber in diesem Schritt fragst du nicht, warum du das tust. Ich möchte dich dazu einladen, dir darüber bewusst zu werden, wie du dich selbst abwertest und dir immer wieder zeigst, dass du dich für nicht liebenswert hältst. So beobachte dich ab und zu in deinem Alltag, wie redest du mit dir selbst und über dich? Mit welchem Gefühl betrachtest du dich im Spiegel? Erlaubst du dir, deine Gefühle zu spüren, oder setzt gleich diese selbstverächtliche Abwehr ein, diese aufgesetzte Gleichgültigkeit, wenn du an deinen verratenen Traum denkst? Gönnst du dir ab und zu »etwas Gutes«, das letztlich nur deine Energie kontrollieren soll, oder sorgst du wirklich gut für dich?

Du weißt selbst am besten, wie subtil Selbstverachtung wirken kann, so bitte, sei ehrlich, und stell dich deiner eigenen Verurteilung, auch und gerade weil es so wehtut. Letztlich verurteilst du dich immer dann so hart, wenn du befürchtest, dass es sonst ein anderer tun würde, sei es dein Vater, deine Großmutter oder Gott. Wo lebst du im Energiefeld des Mangels, woran hältst du ängstlich fest, obwohl du weißt oder zumindest ahnst, dass dein Handeln nicht zum gewünschten Ergebnis führen wird?

Stelle dir folgende Fragen, und bitte, nutz das Buch, schreibe es gleich hier hinein, sonst tust du es vielleicht nie:

Was werfe ich mir wirklich vor?

Worin besteht mein Versagen, das echte, aber auch das, welches ich mir zu Unrecht vorwerfe?

Was erwarte ich von mir, und ist das angemessen?

Auf welche Weise sabotiere ich vielleicht meinen Erfolg immer wieder, und wozu mache ich das, welchen Sinn erfüllt die Sabotage?

Wenn du in eine Richtung denkst, in eine zweite fühlst und in eine dritte handelst (auch nicht handeln ist eine aktive Energie), dann kannst du keinen Erfolg haben, was immer Erfolg für dich bedeutet. Wenn du dir sehnlich einen liebevollen Freund wünschst, dir aber nicht vorstellen kannst, dass dich überhaupt ein Mann lieben könnte, und du dann auch noch weiterhin mit den falschen

Männern schläfst, braucht es wirklich ein Wunder, dass du doch noch glücklich wirst. Wenn du seit Jahren einen anderen Beruf ausüben willst, du deine Gedanken auch immer wieder bewusst in Richtung »neuer Beruf« ausrichtest, deine Gefühle dir aber immer wieder »Du bist zu alt, zu doof, nicht gut genug ...« vermitteln und dein Handeln nicht über rote Kringel um interessante Stellenangebote hinausgehen, nun, wie soll Gott hier wirken? Wie soll dir Gott etwas erfüllen, wenn du selbst nicht dazu bereit bist, dich in Wort, Gefühl und Tat darauf auszurichten? Wenn du Gott den ersten Schritt entgegengehen willst, dann brauchst du ein Gefühl des Vertrauens, aber genau das hast du verloren. Auch wenn du zwar voller Inbrunst einen neuen Job suchst, von Vorstellungsgespräch zu Vorstellungsgespräch marschierst, innerlich aber immer wieder spürst, dass du am liebsten etwas ganz anderes tun würdest, solltest du dir die Frage erlauben, ob diese innere Stimme dich nicht auf einen neuen Weg führen will, auch wenn du noch nicht weißt, wie er aussieht, geschweige denn, wie er finanziert werden soll.

Wozu dient deine Selbstsabotage? Wem hältst du die Treue, wenn du unglücklich bist und dich selbst abwertest?

Es gibt fast nichts, was wir nicht irgendwie aus Liebe tun; fast allem, auch dem absurdesten Verhalten, liegen letztlich (sicherlich meist falsch verstandene) Treue und Liebe zugrunde. Deshalb ist es so schwierig, auszusteigen, denn meist leiden wir nicht für uns selbst, sondern für unsere Mutter, unser Volk oder gar Jesus Christus. (Können wir uns bitte endlich daran erinnern, dass es gut ausging? Jesus ist erlöst, wozu feiern wir denn Ostern? Es gibt keinen einzigen Grund, ihn immer wieder an diesem Kreuz zu sehen, was soll das? Er ist »aufgestiegen in den Himmel und sitzt zur Rechten Gottes«, wie wäre es, wenn wir ihn endlich in Ruhe da sitzen ließen?) Es ist nicht zu fassen, wie sehr sich das Konzept »Mein Leiden erlöst andere« in unserem Leben spiegelt, selbst wenn uns das gar nicht bewusst ist.

Über das Opfern

Wir können für die Schuld anderer stellvertretend büßen, um damit bei denen, die die Opfer waren, alles wiedergutzumachen. Wir können uns vor dem Schicksal der anderen verneigen, und wir können, indem wir selbst ein Opfer bringen, zeigen, dass wir die Schuld anerkennen und stellvertretend dazu bereit sind, Sühne zu tun. Das versöhnt die Opfer und gleicht Karma aus. Das hat Jesus getan. Damit haben wir aber keinen Freifahrschein dafür bekommen, auch weiterhin eifrig nicht unseren Herzen und unserer inneren Ausrichtung, sondern unserem Machtanspruch und dem Ego zu folgen, das ist auch klar, oder?

Dient dein Opfer also bewusst dem Ausgleich von Karma, dann bring es, aber spür bitte ganz genau, ob es wirklich dient und ob du es frei und aus Liebe gibst. Du fühlst dich gut dabei, wenn es wirklich ausgleicht, du bleibst im inneren Frieden und willst dafür nichts zurückhaben. Vor allem aber kannst du frei entscheiden. In der Co-Abhängigkeit bringst du andauernd Opfer, aber es sind eher Einzahlungen auf ein Konto, von dem du dir, und sei es noch so unbewusst, Zinsen in Form von Liebe erhoffst. Das funktioniert nicht, und das hat mit der Kraft und Entscheidung Jesu wirklich gar nichts zu tun.

Schaue dir bitte dein Leben an, und frage dich, wem du die Treue hältst, indem du lebst, wie du lebst. Wem dienst du? Ich möchte dich nicht ermutigen, diesen Dienst zu quittieren, dich aber bitten, darüber nachzudenken, ob es nicht sinnvollere Wege geben könnte, ihn zu tun. Du könntest zum Beispiel den Schutzengel desjenigen, für den du die schwere Last schleppst, bitten, sie dir abzunehmen … Du gibst sie nicht demjenigen zurück, für den du sie trägst, denn dann bist du ja kein Stück weiter. Noch immer scheint die Last zu schwer für den anderen zu sein, und das kannst und willst du ihm nicht zumuten. Aber der Schutzengel kann das tragen. Vertraue die Last den begleitenden Kräften an, den Engeln, dem Hohen Selbst, und wenn sie gar zu schwer ist, dem Schicksal selbst.

Eine weitere Frage, liebe Leserin, lieber Leser: Dienst du eigentlich deinem eigenen Traum, deinem Herzenswunsch, sorgst du liebevoll für ihn? Erlaubst du ihm, in aller Ruhe zu keimen und zu wachsen, so wie ein fürsorglicher Bauer seinem Korn die Möglichkeit gibt, sich zu entfalten?

Wahrscheinlich nicht immer, oder? Denn wenn wir zu lange nicht fühlen, dass unsere Gebete erhört werden, zweifeln wir daran, dass überhaupt etwas gesät worden ist. Wir trampeln entweder durch Zynismus und dieses scheinbar erwachsene, vernünftige »Dann soll es eben nicht sein«-Gerede darüber, oder wir wenden uns ganz ab. Würden wir uns weiterhin geführt fühlen, dann könnten wir vielleicht erkennen, dass unser Weg einfach nur ein wenig länger oder gewundener ist, als wir dachten, und dass wir letztlich mehr bekommen, als wir bestellt haben. Meist führt uns die Erfüllung unserer Träume zu sehr viel mehr Selbstverantwortung, zu bewusster spiritueller Lebensweise, zu mehr Unabhängigkeit und innerer Freiheit, auch wenn der Weg lang und hart sein kann.

Wenn wir am Ziel unserer Wünsche angekommen sind, haben wir meist sehr viel losgelassen und sehr viel gelernt, sodass die Erfüllung eher ein Nebeneffekt ist, ein selbstverständlicher Ausdruck all dessen, was wir auf dem langen Weg erworben haben. Denn selbst wenn wir spüren, dass sich ein Wunsch in diesem Leben nicht erfüllt, haben wir gelernt, loszulassen und vielleicht wundervolle Geschenke erhalten, die uns zeigen, wozu auch das dienlich war. Wenn wir uns fragen, was wir WIRKLICH brauchen, dann ist es immer etwas, was wir selbst entwickeln können und dürfen, und hier ist die Brücke zum Seelenplan. Alles, was wir außen wollen, ist ein Spiegel der Qualität, die wir in uns entfalten wollen, und hier treffen sich unsere Wünsche mit dem, wozu wir hier sind.

Unser Thema aber ist ja, dass wir uns nicht mehr geführt fühlen, dass wir die spirituelle Nabelschnur nicht mehr spüren, wenn wir Verluste erleiden und all das durchleben, was Colin C. Tipping beschreibt. Wie sorgen wir selbst dafür, dass wir uns nicht mehr geführt fühlen? Und wie wäre es, wenn wir entschieden, die Führung zu erkennen, auch wenn sie uns nicht gefällt? Das Innere Kind, das sich trotzig und zutiefst entmutigt in die Ecke verkrochen hat, weil Gott es anscheinend nicht mehr liebt, braucht einen stabilen, selbstverantwortlichen und spirituell bewussten Erwachsenen, der anders entscheidet und handelt. Wenn sich das Innere Kind nicht mehr öffnen kann, weil es zu sehr verletzt worden ist, brauchen wir eine andere innere Kraft, die die Verantwortung für unsere spirituelle Offenheit und Bereitschaft übernimmt.

Diese Kraft gibt es in dir auch, es ist genau jene Kraft, die dich dieses Buch lesen lässt und dich dazu auffordert, endlich einen Stift in die Hand zu nehmen, falls du nicht bereits damit begonnen hast, deine Liste zu schreiben. Es ist die Kraft, die sich immer wieder aufmacht, wieder auf die Erde kommt, erneut inkarniert, durchhält und sich dazu entschieden hat, nicht aufzugeben, bis der Himmel auf der Erde stabil verankert ist. Wie du diese Kraft nennst und wie du sie wahrnimmst, ist gar nicht so wichtig, sei einfach sicher, sie strömt auch durch dich, sonst wärst du gar nicht hier. Und deshalb kannst du dich auch darauf verlassen, dass sie für dich wirkt, wenn du sie darum bittest.

Wo lässt du dich also doch immer wieder auf Situationen ein, die dir schaden, bei denen du spürst, dass sie deine Energie senken? Wo folgst du noch immer dem Mangelbewusstsein, nicht dem Prinzip der Fülle? Wo lässt du dich also noch immer von Angst und Schmerz leiten? Unterscheide dabei bitte vordergründigen Mangel von echtem. Es kann sein, dass du in einer Situation bist, in der du Mangel wahrnimmst, aber erkennst, dass er dir auf einer anderen Ebene dient, dass er im Moment der Preis ist, den du für ein höheres Ziel zahlen musst. Dann schadet er dir nicht. Er macht dich vielleicht traurig, nimmt dir aber nicht die Energie. Frage bitte deine Höhere Kraft aus Schritt 3, was sie dazu sagt, ob sie dir einen goldenen Strom der Energie vermittelt, auch wenn er gerade eher unsichtbar fließt, oder ob sie dich Dunkelheit und ein Gefühl von Mangel und Angst erkennen lässt. Wenn du nicht sicher bist oder befürchtest, etwas nicht erkennen und wahrhaben zu wollen, dann sprich vielleicht mit einem vertrauten Menschen darüber, oder gib dem Ganzen noch ein bisschen Raum. Manchmal dauert es eine Weile, bis du die tatsächlich herrschende Energie wahrnehmen kannst. Solange du nicht sicher bist, handle auch nicht, sondern schaue hin, und warte – aber bitte schaue genau hin. Verschleiern hilft hier gar nicht, auch Schönreden, selbst wenn es sich noch so spirituell erleuchtet anhört, dient niemandem … Es untergräbt auch dein Vertrauen zu dir selbst. Wenn du weißt, dass du nicht immer nach deinem inneren Wissen handelst, öffnest du der Selbstverurteilung die Tore, denn auf eine gewisse Weise sind die Selbstvorwürfe ja berechtigt. Es ist schwierig, ja natürlich, aber es ist wichtig, dass du dir zumindest klarmachst, in welchen Bereichen du anders handelst, als du dich fühlst, und was dahintersteckt.

Die Engel sagen dazu:

Denn wie wäre es, wenn ihr euch deshalb von Gott verlassen und nicht geführt fühlt, weil ihr seiner Führung nicht folgt? Diese Führung ist oft anders, als ihr glaubt, und besonders ist sie anders, als ihr und andere es erwartet. Wenn ihr nicht zu hundert Prozent authentisch seid, dann fühlt ihr euch nicht gehalten, ihr spürt den inneren Strom nicht in all seiner Kraft, und das Leben kann sich nicht ungehindert durch euch entfalten, weil ihr gar nicht da seid! Genau hier sitzt die Ursache für die Sucht, eure eigene innere Leere, die Stelle, an der ihr euer inneres Licht und damit das Leben nicht spürt. Es erfordert sehr viel Mut, wirklich aufrichtig zu sein, mehr Mut, als die meisten aufbringen können. Akzeptiert, dass ihr manchmal Angst vor eurer eigenen Kraft, Klarheit und eurer Führung habt, aber nehmt zumindest eure Wahrheit wahr, auch wenn ihr sie nicht immer aussprechen oder in die Tat umsetzen könnt, ja? Wenn ihr, wie in Schritt 3, um Hilfe und Führung bittet, bekommt ihr die Gelegenheit und die Kraft, zu euch und eurer ganz besonderen Energie und Wahrnehmung zu stehen, auch wenn sie anderen Grenzen aufweist.

Frage dich also bitte, auf welche Weise du deiner Führung nicht folgst. Bitte sei ganz ehrlich, und schreibe es einfach mal auf. Sagst du immer Nein, wenn du Nein meinst? Auch bei Kleinigkeiten? (Gerade bei Kleinigkeiten geben wir oft nach, weil sie uns nicht wesentlich erscheinen. Es ist aber die Summe all der Kleinigkeiten, denen wir zustimmen, obwohl wir es nicht wollen, die am Ende das Gefühl von Versagen und Ausgeliefertsein verursacht. Und wenn dann wirklich einmal große Entscheidungen anstehen, wundern wir uns, warum wir nicht mehr spüren, was wir wirklich wollen – haben wir doch unseren inneren Kompass langsam, aber nachhaltig verunsichert und funktionsuntüchtig gemacht.) Und erlaubst du dir, das zu tun, was sich gut anfühlt, oder treibst du dich an, prügelst dich durch den Tag, gehst immer wieder über deine Grenzen? Fühlst du dich unzulänglich, weil du überhaupt Grenzen hast? Nun, wie immer ist es das menschliche Selbst, das Mitgefühl braucht. Du als multidimensionales, freies geistiges Wesen hast keine Grenzen. Aber das menschliche Selbst, das diesen Körper hat und mit all den Energien umgehen muss, das braucht nun mal seine Zeit der Ruhe, seine Zeit der Freude, seine Zeit der Arbeit und seine Zeit des Rückzugs.

Wie ein Süchtiger sich seines Suchtmittels enthalten muss, und zwar immer, so kannst du es dir nicht mehr erlauben, gegen dein Gefühl und deine innere Wahrheit zu handeln. Das, was dir früher nicht so schlimm erschien oder geradezu von dir gefordert wurde, wirkt dadurch umso zerstörerischer, dass du in vielen Lebensbereichen sehr viel klarer geworden bist. Das zähneknirschend gesagte »Ja«, auch wenn es sich »nur« um Kleinigkeiten handelt, zermürbt dein Selbstwertgefühl, weil du dir selbst immer wieder zehn-, zwanzig-, hundertmal am Tag vermittelst, deine Bedürfnisse seien weniger wichtig als die vermeintlichen Ansprüche der anderen. Es scheint oft der leichtere Weg zu sein, die Dinge »halt schnell zu erledigen«, als sich auf Diskussionen und Auseinandersetzungen einzulassen. Diese scheinen viel mehr Energie zu rauben, als wenn du eben mal rasch zupackst und es selbst erledigst. Aber das stimmt nicht. Denn die Information, die du dir selbst gibst, ist zutiefst entmutigend und Energie raubend. Kennst du diesen unterschwelligen Groll? Er zermürbt dich unweigerlich und leider meist unbemerkt – so lange, bis du entweder körperlich krank wirst oder eine Depression bekommst.

Du spürst vielleicht Folgendes: Obwohl du all das weißt, bist du es leid, dich abgrenzen zu müssen und die ungerechtfertigten Ansprüche und Vorstellungen anderer von dir zu weisen. Wir alle sind es leid, dem Vergleich der anderen mit ihrer Vorstellung von uns und unserem Verhalten standhalten zu müssen, nicht wahr? Auswandern, am besten zurück auf unseren jeweiligen Heimatplaneten, scheint eine wirklich verlockende Alternative zu sein. Wir können, wie immer, nur bei uns selbst anfangen, denn wir selbst sind das einzige Energiefeld, auf das wir Einfluss haben. Wenn wir damit aufhören, ein geschöntes, angepasstes Bild nach außen abzugeben, wenn wir damit beginnen, unsere Ecken und Kanten zu zeigen und sie anderen zuzumuten, ohne uns gleich selbst wieder infrage zu stellen, dann bekommt die Welt die Möglichkeit, uns wirklich wahrzunehmen.

Es ist nicht zu fassen, welche absurden Vorstellungen und Ansprüche teilweise auf uns projiziert werden, gerade wenn wir spirituell arbeiten. Wir müssen, gerade weil wir so viel wahrnehmen, lernen, ganz klar auf unsere innere Wahrheit zu hören. Es ist, als würden wir, je feiner wir auf unseren spirituellen Weg eingestimmt sind, auch immer empfindlicher gegen den Missbrauch unserer Energie werden. Wir müssen also lernen – mutig und das Risiko eingehend, ab und zu als verschlossen und abweisend zu gelten –, auf uns selbst zu achten, es geht nicht anders. Wie aber gehen wir damit um, wenn wir dieses Mitgefühl spüren, wenn wir die Bedürftigkeit der anderen, die wir ja selbst zu Genüge kennen, erleben, und wenn wir dennoch fühlen, dass wir Ruhe brauchen, dass unsere Kraft nicht zu anderen fließen will, dass wir sie selbst brauchen? Leider haben wir genügend Techniken gelernt, uns dennoch zu öffnen – wir beuten uns selbst aus. Kennst du das? Und wundert es dich noch, dass du so wütend, hilflos und ausgebrannt bist, dich geopfert fühlst und etwas in dir hoffnungslos wird?

Wozu tun wir das? Sind wir tatsächlich dermaßen selbstlose Engel? Ja, natürlich. Und der Engel in uns kann das auch, aber der fühlt sich nicht ohnmächtig und ausgebrannt. Es ist unser menschliches Selbst, das wir achten und ehren dürfen, aber auch müssen.

Vielleicht wird es Zeit, die Verantwortung für unser menschliches Selbst zu übernehmen, uns bewusst zu machen, dass wir nicht nur einen Körper, sondern ein ganzes menschlich empfindendes System haben. Dieses menschliche System hat Grenzen, fühlt sich oft nicht angeschlossen an die göttliche Quelle und braucht Energie, unser Mitgefühl, unsere Aufmerksamkeit und unsere liebende Fürsorge. Stattdessen beuten wir es meistens aus, richtig?

Bitte schreibe auf deine Liste, auf welche Weise du dein Menschsein missachtest, wo dein Bewusstsein das menschliche Selbst ignoriert und dem Engel den Vorzug gibt. Auf welche Weise willst du deine Verantwortung für dein Menschsein nicht tragen? Auch du bist ein Mensch, und wenn du noch so viele geistige Dimensionen in dir trägst – und auch du brauchst Fürsorge, ein gemütliches Zuhause, Ruhe und Zeit für dich und öfter am Tag eine Umarmung.

Wir erwarten von uns, spirituell angebunden zu sein und unsere Kraft und Schönheit, unser leuchtendes Selbst zu verwirklichen und zu leben, nicht wahr? Und wir sind dann verzweifelt und entmutigt, wenn wir zu scheitern scheinen. Nun, wir haben uns eine schwierige Aufgabe gestellt, wir haben diese menschliche Frequenz, die sich so ungewohnt anfühlt, und die ab und zu so sehr wehtut, dass wir alles tun, um sie nicht zu spüren. Gerade dann, wenn wir selbst unser ganzes Mitgefühl brauchen, wenden wir uns von uns ab, werden wütend und beginnen, Forderungen an uns zu stellen. Wir verlieren den Kontakt zu uns selbst, aber genau hier fließt nun mal unsere Lebensenergie! Woher wissen wir, dass es nicht genau diese Impulse sind, die uns führen wollen? Wenn wir immer wieder unzufrieden und unglücklich sind, voller Groll und Ärger über eine Situation, kann das sehr wohl das Wirken Gottes sein, das uns dazu bereit zu werden lassen möchte, diese Situation aufzugeben.

Und dann gibt es natürlich noch die Auflistung all der ungesunden Angewohnheiten, die sich gegen andere, aber auch gegen dich selbst richten. Zweifeln, Hadern, Zögern, deine Unzufriedenheit, die harten Urteile über andere, das Abwerten derer, die ihren Weg nicht zu gehen scheinen, die sich hängen lassen oder aber sehr hart und rücksichtslos kämpfen ... Was immer dich besonders aufregt, gehört mit auf die Liste. Warum? Weil du in all diesen Punkten nicht im Frieden mit Gottes Schöpfung bist. Du musst es ja nicht gutheißen, dich aber vielleicht respektvoll vor dem Weg des anderen verneigen. Auch durch ihn wirkt Gott, und du läufst nicht in seinen Schuhen ... Sollst du deshalb alles fraglos akzeptieren? Selbstverständlich nicht. Grenz dich ab, sag laut und deutlich Nein, und ändere das, worauf du Einfluss hast. Fordere die Einhaltung der geistigen Gesetze. Aber du darfst mit dem Urteilen aufhören und dennoch, selbst wenn du Nein dazu sagst, voller Mitgefühl schauen, wozu das, was der andere tut, ihm selbst dient, wovor es ihn womöglich schützt. Zumindest darfst du davon ausgehen, dass es zu etwas dient, auch wenn du es nicht erkennst oder nicht erkennen magst. (Wir müssen nicht immer alles verstehen, wir können, aber wir müssen nicht. Manchmal ist selbst das Verstehenwollen co-abhängig und raubt uns zu viel Energie.) Du darfst auch hier einen großen Plan unterstellen, den du vielleicht nicht verstehst, der aber wirkt. Entweder wirkt Gott immer oder gar nicht, es ist ein totalitäres System, oder? Wie soll Gott irgendwo nicht wirken? Woher weißt du, welche Erfahrungen sich die Seele dessen, über den du dich aufregst, gewählt hat, welchen Teil des Universums sie erforscht? Zum Beispiel auch, damit du es nicht zu tun brauchst ...

Die Frage in Schritt 4 ist die: In welchen Bereichen folgst du deinem Strom der Kraft, dem, was sich nährend und richtig anfühlt, und wo führt dich deine Suche nach dem süchtig machenden emotionalen Kick, der sich zwar richtig anfühlen kann, dich aber unruhig macht und von dir selbst entfernt, dich in die Irre leitet? Schreibe nun bitte deine Liste darüber, wie du dich, warum auch immer, deiner inneren Führung widersetzt – und habe Dank für deinen Mut.

Schritt 5

Gib vor dir selbst zu, auf welche Weise du dich über Gebühr verausgabst.

Zeige dich bitte in all deinem Licht und in all deiner Dunkelheit, gib vor dir selbst, vor Gott und vor einem anderen Menschen zu, wie du dich über Gebühr verausgabst.

Co-Abhängigkeit ist eine Krankheit (wenn wir es so nennen wollen, ich tue das gern, weil es nicht unsere Schuld oder unser Versagen ist, sondern etwas, was behandelt werden kann und sollte), die auf Scham, falschen Annahmen und der Verdrängung der eigenen Bedürfnisse beruht. Wir schämen uns aus tiefster Seele für uns selbst, für alles, was wir sind, was wir brauchen, für unsere Bedürftigkeit und unsere Ansprüche. Einfach für unser menschliches Sein. Diese Scham ist oft genug die Ursache dafür, warum wir wirklich nicht wissen, wer wir sind, wenn wir nicht helfen oder kontrollieren, also die Dinge nicht für andere in Ordnung bringen. Wir spüren uns in der Beziehung zu anderen, aber nicht in der Beziehung zu uns selbst. Wir wissen nicht, warum uns jemand lieben oder auch nur mögen sollte, wenn wir nicht für ihn da sind. Wir tun alles, um die Beziehung zum anderen herzustellen oder nicht zu gefährden, versorgen ihn, nehmen ihm auch das ab, was er wirklich selbst tun sollte, und sorgen dafür, dass unser Strom zum anderen nicht abreißt. Noch einmal: Dadurch spüren wir uns selbst. Wir wirken nach außen stark, als bräuchten wir nichts, sind für andere auf eine Weise da, die vielen eine ungute Bewunderung abnötigt (ein weiterer Hinweis auf eine mögliche Co-Abhängigkeit ist der halb entsetzte, halb bewundernde Ausruf: »Dass du das kannst, also ich könnte das nicht ...« oder »Wie du das nur aushältst ...« – nimm das nicht als Kompliment, sondern als echte Frage: Wie und wozu hältst du das nur aus??). Und doch suchen wir nichts anderes als uns selbst. Da wir aber, wenn wir uns selbst spüren, irgendwann auf diese äußerst schmerzhafte Wunde »Scham« stoßen, schrecken wir immer wieder vor der Beziehung mit uns selbst zurück.

Wenn du dich aber wirklich für andere einsetzt, nicht auf co-abhängige, sondern auf gesunde Weise, dann bist du nicht von ihrer Reaktion abhängig, sondern bleibst in deiner Mitte, spürst dich selbst, kannst in Liebe tun, was zu tun ist, und dich selbst gleichzeitig mitversorgen. Du kannst es aber auch lassen, ohne dich dabei schuldig zu fühlen. Bist du in einer abhängigen Beziehung gelandet, auch wenn diese Abhängigkeit nicht rund um die Uhr besteht, verlierst du den Boden unter deinen Füßen und reagierst nicht mehr angemessen, sondern fühlst dich entweder wie ein Kind oder als hättest du ein schwarzes Loch in dir, das all deine Energie aufsaugt. Und hier ist der deutliche Unterschied zu einem Engel zu erkennen: Du willst etwas zurückbekommen. Was genau willst du für deine Fürsorge haben?

Doch, doch, meine Liebe, mein Lieber, auch wenn wir das gar nicht gern zugeben, wir wollen schon etwas. Sei es die Anerkennung und Annahme dessen, was wir tun, sei es die Versicherung, dass wir gebraucht werden, dass wir dem anderen guttun, womöglich, dass er ohne uns schlechter dran wäre. Sei es, dass unsere Autorität und Kompetenz anerkannt und nicht infrage gestellt werden, sei es Zärtlichkeit, diesen Blick, der uns zeigt, der andere nimmt uns zumindest für einen kurzen Moment wahr, oder sei es die permanente und fordernde Bestätigung unserer Wichtigkeit – auch hier sitzt eine Menge Scham, weil wir so gern glauben würden, dass wir edel, hilfreich und gut und weiter nichts sind. Nun, das sind wir – aber nicht, wenn wir in einer co-abhängigen Struktur gefangen sind. Dann geben wir, weil wir etwas brauchen. Und weil dieser tosende, rasende Schmerz in unserem Innern oder die unerträgliche Dunkelheit, das Gefühl, zu sterben, wenn wir von der Lebensenergie und Aufmerksamkeit des anderen nicht gehalten werden, wirklich nicht auszuhalten ist, verschleiern wir unsere Absichten vor uns selbst, noch bevor sich dieser Schmerz zeigt. Das ist ein sehr gesunder Schutzmechanismus, den wir nicht bewusst steuern können. Aber genau deshalb wissen wir oft so unfassbar wenig von dem, was wir selbst brauchen. Der Schmerz, den wir in uns tragen, ist so groß und fühlt sich so sehr nach Sterben an, dass wir uns ihm nur ganz vorsichtig und nur schrittweise nähern können. Dieser Schmerz ist die Ursache der Co-Abhängigkeit. Wären wir in der Lage, ihn zuzulassen und genau hier um Hilfe zu bitten, dann könnte diese tiefe Wunde heilen. Woher sie kommt, nun, das kann sehr unterschiedlich sein. Es ist im Moment auch gar nicht so wichtig, denn auch wenn wir wissen, woher diese Wunde stammt, ist sie noch lange nicht weg.

Wenn du diesen Genesungsweg gehst, wirst du nach und nach erkennen, wo du so sehr verletzt wurdest, denn sie darf sich Stück für Stück zeigen. Wahrscheinlich weißt du es sowieso. Nutzt dir das etwas? Du verstehst zwar, warum du so reagierst, kannst es aber dennoch nicht ändern. So liegt im Erkennen der Ursache zwar ein wichtiger Schlüssel, aber nicht die ganze Heilung.

Natürlich können wir lernen, uns selbst zu halten, das Ganze zu beobachten oder in diesem schmerzhaften inneren Raum um Hilfe zu bitten, aber dazu müssen wir erst mal dazu bereit und in der Lage sein, ihn überhaupt zuzulassen. (Wenn du nicht weißt, wovon ich rede oder aus sehr verständlichen und sinnvollen Gründen noch nicht dazu bereit bist, deinen eigenen Raum der Abgeschnittenheit zu erleben, dann weißt du nicht, wie unerträglich und bedrohlich sich dieser Raum anfühlt, und dass all diese Ideen dann keine Rolle mehr spielen.) Es ist wirklich kein Wunder, dass wir alles, aber auch alles tun, um nicht in diesen Raum zu geraten, dass wir uns lieber selbst verleugnen und für den anderen da sind, auch wenn unsere eigene Energie ganz anders fließen will und uns das Nein auf den Lippen liegt. Wir verlieren uns selbst, unsere eigene Anbindung an das Leben, wenn wir das nicht tun, wir brauchen dringend den Halt, den uns die Verbindung mit dem anderen gibt, und sei sie noch so flüchtig.

So schaue bitte genau hin – was willst du, was brauchst du vom anderen? Vergiss nicht, dass das, was der andere dir gibt, wahrscheinlich nicht das ist, was du wirklich brauchst, und deshalb erkennst du es vielleicht gar nicht. Gerade darum ist es so wichtig, ein Bewusstsein dafür zu entwickeln. Es kann sein, dass du gar nicht wahrnimmst, was du für deine Selbstaufopferung haben willst oder bekommst, weil dir das wenige, das zurückfließt, so unbedeutend und sinnlos erscheint (oder dich gar verletzt), dass sich dein bewusster Verstand nur kopfschüttelnd abwendet. Aber auch Schläge sind Aufmerksamkeit, und als Co-Abhängiger brauchst du die Beziehung, egal wie sie daherkommt und egal ob sie dir guttut oder schadet. Die Beziehung an sich ist es, die dir erlaubt, dich selbst zu spüren. Wie die meisten Alkoholiker im Endstadium jeden Alkohol trinken, egal wie er schmeckt, so kann es sein, dass du jede Beziehung aufrechterhältst, egal wie sie sich anfühlt und was sie dir gibt.

Du verstehst dich vielleicht selbst nicht, wie du für so wenig Energie so viel geben kannst, aber wenn du dir bewusst machst, dass du dich selbst über die Beziehung mit dem anderen spürst, egal was der andere dir gibt, dann macht dein Verhalten Sinn.

Heißt das, du musst die Beziehung, Freundschaft, Bekanntschaft verlassen? Nein, nicht zwangsläufig. Es heißt nur, dass es Zeit wird, aus den co-abhängigen Strukturen auszusteigen, denn dadurch wird der Weg für echte Liebe frei, wenn sie vorhanden ist.

Verstehst du, du verlässt den einen Raum eurer Beziehung, um in einen anderen, gesünderen zu wechseln, wenn es diesen überhaupt gibt. Du spürst, wenn du die Suchtstrukturen hinter dir lässt, was euch wirklich trägt. Nun kannst du entscheiden, ob du diese Beziehung weiterführen willst oder nicht.

Wenn du co-abhängig reagierst, spürst du dich selbst nur über die Interaktion mit dem anderen. Und DAS ist es, was du brauchst und was dich heilt: dich selbst zu spüren, weil du nur dann jenes Leben fühlen kannst, das sich durch dich ausdrückt und gelebt werden will. Wir alle brauchen natürlich Liebe, Zärtlichkeit, Bestätigung, Anerkennung. Als Co-Abhängiger aber bist du darauf angewiesen, weil du sonst den Kontakt zu dir selbst nicht wahrnimmst, verstehst du den Unterschied? Bist du gesund, handelst du folgendermaßen: Wenn du etwas brauchst, gehst du hin und fragst danach, du erkennst, wo sich das, was du brauchst, aufhält, und du nutzt deine Chancen. Als Co-Abhängiger kannst du das nicht, du presst auch noch den letzten Tropfen Aufmerksamkeit aus der Umgebung, in der du dich befindest, heraus, und sei sie noch so negativ und schmerzhaft. Auch ein »Ich liebe dich nicht!« ist immerhin noch ein Satz, der sich an dich gerichtet ist, und du kannst herrlich kämpfen, um diese heiß ersehnte Liebe doch noch zu bekommen. Es geht dabei nicht um die Liebe des anderen, sondern um dich, um deinen Kampf, du nimmst dich selbst wahr, während du um ihn kämpfst, und das ist es, warum du nicht aufhören kannst. Du bist, wenn du süchtig reagierst, nicht in der

Lage, Situationen zu verlassen, die dir nicht guttun, weil alles immer noch besser ist, als dich selbst gar nicht zu spüren. Vielleicht solltest du langsam einen Quantensprung vollziehen – dabei wechselt das Elektron von einer Schale zur nächsten und erfährt eine Erhöhung seines Energieniveaus, aber es weiß nicht, wie sich die nächste Schale anfühlt – und schon gar nicht weißt du, was während des Quantensprungs tatsächlich passiert.

Wir müssen also erst einmal loslassen, um an einer anderen Stelle ankommen zu können – und loslassen können wir nicht. Wir befürchten, dass wir dann sterben, ohne im Licht anzukommen. Es ist, als fielen wir aus der Hand Gottes heraus, und schlimmer geht es wirklich nicht. Natürlich ist uns das alles nicht ganz bewusst, aber eine vage Ahnung haben wir schon von dem, was in uns lauert. Der Schmerz ist unerträglich, deshalb tun wir ja all das, was wir tun und was uns schon so lange zum Hals heraushängt. Aber zumindest sollten wir uns darüber bewusst sein, dass es diesen Schmerz vielleicht gibt und dass wir uns ihm stellen müssen, wenn wir genesen wollen.

Schritt 5 deckt nun all das auf. Du erlaubst dem Schmerz zum ersten Mal ausdrücklich, sich zu zeigen, weil du dich selbst zu zeigen beginnst. Die Bereitschaft, das zu tun, wirkt Wunder und kostet dich sicher mehr Kraft, als du dir im Moment noch vorstellen kannst. Es bedeutet, die Maske des starken Retters, der starken Retterin abzunehmen und deine eigene Bedürftigkeit ungeschminkt zu zeigen. Es kann sein, dass du dich so sehr schämst oder dass dein sorgfältig gezüchtetes Selbstbild so sehr ins Wanken gerät, dass du flüchten willst. Vielleicht bist du aber auch mutig und stark, packst den Stier bei den Hörnern und gehst diesen Schritt mit der üblichen dir innewohnenden Tatkraft – tue das, aber stell dich bitte der Angst, die dahinter schlummert. Missbrauch diesen Schritt nicht, um zu beweisen, wie stark du bist, du verstehst, was ich meine? Wenn du dieses Buch nicht nur zum Verständnis liest, sondern weil du selbst Hilfe brauchst, dann gibt es in dir jede Menge Scham und die Angst, zu sterben, wenn du nicht für andere da bist. Nicht mit Liebe und Wärme versorgt zu werden, bedeutet zu sterben. Und wenn du dich selbst nicht spürst, weil du die Beziehung zu dir selbst (zumindest in bestimmten Bereichen) nie aufgebaut hast oder weil sie empfindlich untergraben und zerstört wurde, dann hast du bislang keine andere Wahl gehabt, als dich selbst über den Spiegel der anderen wahrzunehmen. Aber das darf sich jetzt ändern.

Also noch einmal: Was genau willst du für deine unermüdliche Aufopferung haben? Und wie soll es sich anfühlen? Wenn du dich diesen Fragen stellst, kommst du in Kontakt mit deinem Bedürfnis nach Liebe, Zuwendung und Unterstützung, nach Anbindung an das Leben, und darum geht es. Du darfst all diese Bedürfnisse haben, sie sind gesund und natürlich. Nur die Art, auf die du versuchst, diese Energien zu bekommen, ist nicht ganz so hilfreich. Wozu dient also dieser fünfte Schritt? Dir wird bewusst, vielleicht zum ersten Mal, wie tief und wie verschüttet diese Bedürfnisse in dir leben, du spürst die Scham, dich zu zeigen, und du beginnst bewusst, dich dennoch zu öffnen. Nun kann der Heilungsprozess beginnen.

In den 12-Schritte-Gruppen erfahren wir, wie unermesslich hilfreich es ist, einfach Raum zu haben, sich mitzuteilen, ohne Gefahr zu laufen, dass irgendjemand etwas vermeintlich Schlaues dazu sagt. Such dir also eine Person deines Vertrauens, und lies ihr den vierten Schritt vor. Bitte sie vorher, nichts dazu zu sagen, sondern dir nur Raum zu geben. Du brauchst weder Kritik noch eine Analyse, im Gegenteil, dadurch fühlst du dich wahrscheinlich genötigt, dich zu verteidigen oder zu erklären. Du kannst deinen Empfindungen nachspüren und dem inneren Heiler, dem Krafttier, der Selbstheilungskraft, der göttlichen Ordnung oder was immer deine höhere Macht aus Schritt 3 ist, Gelegenheit verschaffen, zu wirken. Verbrenne das Papier mit deinem vierten Schritt in einem Ritual, um das, was dort steht, vor Gott zuzugeben, wenn dir das hilfreich erscheint. Wenn nicht, dann findest du ganz sicher eine andere Möglichkeit, dich auch deinem Schöpfer mit dieser Wunde zu zeigen.

Und so gibst du selbst jemandem Raum: Du hörst einfach nur zu. Wenn dich jemand darum bittet, ihm für seinen fünften Schritt Raum zur Verfügung zu stellen, und du das gern tun willst, dann hilft vielleicht folgende Übung:

Setze dich hin, schließe deine Augen, und atme ins Herz. Stelle dir nun bitte vor, dass Licht in dein Herz fließt, bis es ganz davon erfüllt ist. Wenn du spürst, dass dieses Licht immer wieder herausströmt, dass dein Herz also energetisch irgendwo ein Leck hat, dann bitte die Engel der Heilung oder das Krafttier darum, dieses Leck zu schließen. Es ist wichtig, dass dein Herz so viel Licht wie möglich aufnehmen und halten kann, damit es dir zur Verfügung steht, wenn du es jemandem (zum Beispiel dir selbst!) schenken willst. Lasse dir also dein Herz voll und ganz mit Licht erfüllen, und stelle dir dann vor, dass es sich öffnet und einen mit Licht erfüllten Raum bildet, der dem anderen nun zur Verfügung steht. Bitte nutze die Technik der Goldenen Acht, sieh den anderen also mit dir durch eine Acht verbunden, während du aus deinem Herzen einen lichterfüllten Raum hältst. Mehr gibt es nicht zu tun, du gibst nur Raum. Du brauchst weder mitzudenken noch gleich nach Lösungen zu suchen, bitte nicht. Zuhören bedeutet, dem anderen Raum zu geben, und sonst nichts.

Bleibe in der Stille, und halte nur den Raum. Damit leistest du einen unermesslich großen Dienst, denn nun kann der andere selbst beginnen, Lösungen zu finden, Erkenntnisse zu sammeln, sich selbst zu spüren. Du erinnerst dich, da sitzt ein Co-Abhängiger. Es ist für seine Genesung absolut notwendig, dass er sich selbst spürt, nicht deine Ratschläge erhält, sondern mit sich selbst in Kontakt kommt. Du bietest ihm dafür den sicheren Raum an, den er braucht, um sich wahrzunehmen.

Wenn du jemanden brauchst, der dir diesen Dienst leistet, dann magst du ihm vielleicht den oben stehenden Abschnitt zu lesen geben, damit er versteht, was du von ihm willst.

Über das Neinsagen

Wusstest du, dass es dir viel leichter fällt, deine Wahrheit, dein Ja und dein Nein, zu spüren, wenn du gut geerdet bist? Das wichtigste Merkmal der Erdenergie ist die Dualität, das Sichtbarwerden, die Form. Etwas zu formen, in Form zu bringen, meint, sich für eine Möglichkeit der Manifestation zu entscheiden, aus dem Bereich der Vielfalt in den Bereich der Eindeutigkeit zu wechseln. Ein Baum ist ein Baum, und selbst wenn die Quantenphysik weiß, dass sich die Ordnung der Teilchen immer wieder neu dafür »entscheidet«, einen Baum zu bilden, so ist die Wahrscheinlichkeit, dass der Baum stabil bleibt, doch sehr hoch. Um Materie zu bilden, legen sich die Teilchen (bitte erlaube mir, das hier so einfach auszudrücken) fest, zumindest soweit ihnen das die Gesetze der Physik erlauben. Sie gehen die in dieser Dimension größtmögliche Bindung ein und zeigen damit ein Gesicht, eine Form, sagen Ja zu dieser Form und damit Nein zu jedem anderen Ausdruck. Diese Energie, das Festlegen, findest du in den höher schwingenden Dimensionen des Bewusstseins nicht, es handelt sich um Energie, um Schwingung, und die ist immer wieder veränderlich. (Auch die Materie ist nicht vollkommen stabil, aber in ihrer Veränderlichkeit doch recht zuverlässig. Du musst nicht alle fünf Minuten mit deinem Tisch verhandeln, dass er noch ein bisschen seine Form behält, zumindest so lange, bis du zu Ende gefrühstückt hast. Er wird schon so nett sein, noch ein bisschen dein Tisch zu bleiben.)

In der Materie liegt die Kraft der Form, der Entscheidung, der Dualität. Und diese Kraft brauchst du, um bei dir bleiben und Nein sagen zu können. Die Erfahrung zeigt, dass Menschen, die sich in meditativer, aber nicht besonders geerdeter Haltung befinden, viel schwerer Nein sagen können als Menschen, die sich bewusst gut geerdet haben. Und nun kannst du dir vorstellen, wie wenig du dich abgrenzen kannst, wenn du nicht einmal in meditativer, sondern einfach in einer schwebenden inneren Haltung verweilst! Wenn du nicht richtig »da« bist, dann steht dir die Kraft der Erde nicht hinreichend zur Verfügung, aber diese Kraft ist es, die du brauchst, um dich abgrenzen zu können! Bitte also die Erde darum, dich zu halten und zu tragen, versöhne dich mit ihr, und nutze ihre stabilisierende, nährende Kraft, um deinen Weg, wirklich deinen Weg zu gehen. Du brauchst die Kraft der Erde, um zu manifestieren. Das ist kein schlauer Satz aus einem Lehrbuch, sondern gelebte Erfahrung. Wenn dir die Kraft der Erde nicht zur Verfügung steht, dann fehlt dir das Werkzeug, mit dem die Dinge sichtbar und fühlbar gemacht und in Form gebracht werden können.

Möglichkeiten, dich zu erden, gibt es viele, je nachdem, ob du die starke Energie eines Baumes, die sanfte Kraft einer Lotosblume oder etwas anderes brauchst. Sehr hilfreich ist es, wie ich es bereits im zweiten Schritt erwähnt habe, dein Krafttier zu finden. Begib dich dazu auf eine schamanische Reise, oder lasse dir dein Krafttier von einem Schamanen herbeirufen.

Schritt 6

Werde bereit, die alten Denk- und Verhaltensmuster von dir nehmen zu lassen.

Werde bereit, die alten Verhaltens- und Denkmuster von dir nehmen zu lassen. Sie entsprechen nicht dem, was Gott oder deine Seele für dich will, und deshalb brauchst du sie auch nicht mehr mit dir herumzuschleppen.

Von wem aber, und wie? Und was bleibt dann? Dieser Schritt bildet die Brücke zu deinem ganz persönlichen Quantensprung, und den kannst du nicht allein erzeugen, weil du die Energie, die dazu nötig ist, nicht aus dir heraus erschaffen kannst. Um das Bild noch deutlicher zu machen, zeige ich dir hier noch einmal, was ein Quantensprung ist: Als »Quantensprung« wird in der orthodoxen Quantenphysik der Übergang eines Systems von einem Quantenzustand – also einer speziellen Anordnung von Elementarteilchen wie Elektronen in einem Atom, die einen bestimmten Energiegehalt hat – in einen anderen bezeichnet. Klassischerweise (und vereinfacht) meint dies den Sprung eines Elektrons von seiner angestammten Schale, also Umlaufbahn um den Atomkern, in eine höhere, weiter vom Kern entfernte und damit energiereichere Bahn oder Schale. Dieser Übergang geschieht sprunghaft, d.h., es gibt keine Stufen zwischen dem alten und dem neuen Zustand. Die Energie eines Systems ändert sich also nicht kontinuierlich, sondern in Schüben oder Sprüngen, in Form von Energiepaketen oder eben »Quanten«. Obwohl das System also keine Zwischenzustände aufweist, benötigt es trotzdem eine gewisse Zeit für den Zustandswechsel.

Und was wir wollen, ist doch der Wechsel in ein energiereiches Leben, oder? Die Voraussetzung für den Quantensprung eines Elektrons in eine weiter vom Kern entfernte, energiereichere Schale ist eine externe Energiezufuhr. Wir wissen außerdem, dass Energie immer gequantelt daherkommt, das heißt, es gibt keine fließenden Übergänge, sondern große, kleinere und kleinste Sprünge. Was heißt das für uns? Werfen wir nicht mit Schlagworten um uns, sondern nehmen wir den Quantensprung ganz wörtlich: Wir wollen in eine andere Umlaufbahn, wir wollen einen Zustand erreichen, in dem wir weiter, freier und energiereicher sind. Das beschreibt den Quantensprung, den wir uns wünschen.

Doch wir wissen einfach nicht, was das Elektron macht, während es den Quantensprung vollzieht, wir wissen nicht, was geschieht und welche Zustände das Elektron in dieser Zeit einnimmt, ob es ganz verschwindet und neu entsteht, oder was auch immer. Aber wir brauchen Energie von außen, sonst geht es nicht. Mehr als bereit zu werden, uns auf diesen völlig ungewissen Zustand einzulassen, können wir nicht tun, wir können ihn weder herbeiführen noch bewusst inszenieren. Wir können nur darum bitten und uns für genau die Energiezufuhr öffnen, die dem Quantensprung vorausgeht.

Und woher soll nun bitte diese Energie kommen, wie werden wir bereit? Wir tauchen ein in das große Feld des »Ich weiß es nicht.« Wir spüren, dass unsere gewohnte Art, für uns selbst zu sorgen, ermüdend ist und nicht mehr funktioniert, aber was auf uns wartet, welche Gesetze in einer neuen Art, zu leben, herrschen, wie wir uns anders verhalten sollten, wie wir uns dann fühlen, und wie wir hinkommen können, wissen wir nicht.

Du kannst dich nur dafür öffnen, das zu tun, was dir Schritt 3 bereits angeboten hat: Bitte deine Höhere Kraft, dein Krafttier, das Licht selbst, Gott oder deine Selbstheilungskräfte um Energie und Hilfe. Diese Energie kann auch in Form eines Buches daherkommen – auf einmal wird dir klar, was in dir passiert, und du erfährst eine Energieerhöhung. Es kann ein Seminar sein, ein feinstofflich wirkendes Mittel, eine Meditation, das Licht selbst ... Letztlich ist es gleichgültig, auf welche Weise deine Energie erhöht wird, das Einzige, was es für dich zu tun gibt, ist, mehr und mehr bereit zu werden, diesen ungewissen Zustand zu durchleben – und alles zu unterlassen, was dein Energieniveau senkt. Du öffnest deine Lichtbahnen, wenn du an so etwas glaubst. Man kann auch sagen, du öffnest dich dafür, andere Hirnteile zu nutzen. Auch das stimmt, es schließt sich nicht gegenseitig aus. Auf jeder Ebene findet diese Veränderung statt, suche dir also die Ebene aus, die dir schlüssig erscheint, und werde bereit, genau an dieser Stelle mehr Energie zuzulassen. Du brauchst nicht zu wissen, wie, das Elektron weiß es auch nicht. »Werde bereit«, heißt der Schritt, nicht »Sorge dafür, dass es geschieht.« Du kannst keine Sicherheit bekommen, ich weiß nicht, wie sich dein Quantensprung anfühlen wird, ich kann dir nur sagen, hier draußen ist es weit, frei und stabiler als in der ewigen Schale der Kontrolle und Aufopferung. Aber wie sich deine Erlösung anfühlt, weiß ich eben nicht. Deshalb dieser Schritt. Du öffnest dich dafür, das Alte hinter dir zu lassen und die Schmerzen des Entzuges, die Angst und die Unsicherheit durchzustehen. Dass das eine gewisse Zeit und vor allem einen ziemlich hohen Leidensdruck erfordert, ist dir klar. So wirst du sicherlich (wie wir alle) erst dann zu diesem Schritt bereit, wenn dir dein eigenes Verhalten und all die damit verbundenen Gefühle wirklich zum Hals heraushängen, dich krank machen oder dich auf andere Weise ernsthaft schädigen.

Es gibt ein Verhalten, auf das ich bis jetzt noch nicht zu sprechen gekommen bin, weil es einigen Mut erfordert, sich dem überhaupt zu stellen. In diesem Schritt werde ich dich damit konfrontieren, ich hoffe, du vergibst mir.

Kennst du diesen unterschwelligen Groll? Ja, natürlich kennst du ihn, das ist ja dein Thema, richtig? Du sagst Ja, meinst aber Nein – und weil du deine eigene Wahrheit so sehr verbiegst, reagierst du ziemlich aggressiv, aber so, dass es nicht weiter auffällt … Kommt dir das bekannt vor? Du kommst zu spät zu einer Verabredung, weil du eigentlich gar nicht hinwillst, du vergisst Termine oder verschiebst sie dauernd, senkst den Blick, wenn der andere dich anschaut, schweigst, wenn du gefragt wirst, was du willst oder fühlst, ziehst dich in dich selbst zurück und tust das, was man »mauern« nennt. Du reagierst womöglich »passiv-aggressiv«, ich erlebe das sehr häufig bei Menschen, die in gewisser Weise süchtig sind (und kenne es natürlich auch von mir). Gerade Esssüchtige reagieren oft so, weil die Esssucht häufig als Schutzmauer um eine tief verwurzelte Co-Abhängigkeit herumliegt. Ich kenne mich nicht genügend mit anderen stofflichen Süchten aus, um etwas darüber sagen zu können. Wenn du also eine solche Suchtstruktur bei dir erkennst, dann schaue bitte selbst, ob das, was ich sage, auch auf dich zutrifft. Dennoch liegen der Co-Abhängigkeit und der Esssucht unterschiedliche Verhaltensmuster zugrunde, und deshalb verschwindet die Esssucht nicht einfach, wenn du die ihr zugrunde liegende Co-Abhängigkeit anschaust. Sie müssen beide behandelt werden, weil sich die Verhaltensmuster unabhängig voneinander eingeschliffen haben. Weil wir nicht Nein sagen können, weil wir die Beziehung mit dem anderen so dringend zu brauchen scheinen und weil der Druck, der sich dadurch in uns aufbaut, der Zwang, alles unter Kontrolle halten zu müssen, nicht auszuhalten ist, legen wir zum Beispiel die Sucht nach Nahrung darüber. Diese Sucht können wir besser kontrollieren, und vor allem ist unser Suchtmittel frei verfügbar. Sind wir esssüchtig, kommen wir sehr leicht an unseren »Stoff«, sind wir aber co-abhängig, müssen wir uns andauernd bemühen und es dem anderen recht machen. Irgendwann hat sich dann auch die stoffliche Sucht so sehr in unser Verhalten eingenistet, dass sie keinen äußeren

Auslöser mehr braucht und sich wie jede Sucht verselbstständigt. Deshalb müssen wir sie gesondert behandeln, zum Beispiel abstinent von unseren suchtauslösenden Stoffen sein.

So nett und gefällig wir also auch daherkommen – wir zeigen beim Lächeln durchaus auf unsere Weise die Zähne. Wir lassen den anderen schon wissen, dass wir nicht nach seiner Pfeife tanzen (obwohl wir es vordergründig tun). Wir leisten aber so unterschwellig und versteckt Widerstand, dass wir nicht dafür belangt werden können. Weil wir nicht offen zu uns selbst stehen, sorgen wir für Sabotage. Das ist verständlich und auf eine gewisse Weise auch gesund, denn unser Nein bricht sich Bahn, egal wie sehr wir es aus Angst, die Beziehung aufs Spiel zu setzen (selbst wenn es nur die Zwei-Minuten-Beziehung mit dem Brotverkäufer ist), auch verdrehen. Wir zeigen uns nicht in unserer Kraft und Wahrheit, sondern verschleiern uns, wir verstecken uns hinter – ja, lasse es mich bitte Lügen nennen. Ja zu sagen, wenn wir Nein meinen, kann man durchaus so bezeichnen, oder?

Vielleicht fühlst du dich nicht angesprochen, aber weil ich in diesem Buch nicht allzu ausführlich auf dieses Verhalten eingehen will, füge ich für diejenigen, die sich erkannt fühlen oder ihren Partner erkennen, einen Exkurs ein.

Passiv-aggressives Verhalten

Passiv-aggressive Menschen stehen jeglichen Anregungen und Leistungsanforderungen von anderen mit einer sehr negativen Grundhaltung gegenüber und leisten passiven Widerstand. Sie fühlen sich oft missverstanden oder ungerecht behandelt und klagen über ihre persönliche Situation. Mürrisches Verhalten, Streitsucht, Neid, Missgunst, Groll, Trotz, Reue und ein geringes Selbstwertgefühl sind charakteristisch für passiv-aggressive Menschen. Sich selbst sehen sie dabei oft als friedfertig, und ihre passiv-aggressive Art halten sie für gesellschaftskonform. Häufig kommt es zu Auseinandersetzungen mit der Umwelt.

Was bedeutet das? Wir sagen Ja, meinen Nein, handeln widersprüchlich, lassen den anderen unseren Trotz und unseren Widerstand spüren, tun aber so, als wäre alles in Ordnung. Spricht uns der andere auf unseren Widerstand an, leugnen wir ihn. Wir erfüllen die Vorstellung, die der andere tatsächlich oder in unserer Einbildung von uns hat, gleichzeitig aber folgen wir unserer eigenen Wahrheit. Oder wir sagen unsere Hilfe zu, werden dann aber krank und ziehen uns damit aus der Affäre. Unser Körper sorgt also dafür, dass sich unsere eigene Wahrheit zeigt und durchsetzt, wenn wir es selbst nicht können. Wieso tun wir das? Es ist meist das trotzige Innere Kind, das keine andere Möglichkeit sieht, seine Bedürfnisse zu erfüllen. Wenn wir uns als Kinder nicht äußern durften, wenn unsere Wünsche verlacht, nicht ernst genommen, einfach ignoriert wurden (oder wenn wir gar beschämt wurden, wenn wir sagten, was wir wollten), dann haben wir eine Strategie entwickelt, die natürlich nicht funktioniert, aber damals die einzige zu sein schien, die uns zur Verfügung stand. Wir tun etwas, ja, aber wir tun es widerwillig, wir bauen halbbewusst kleine Fehler ein oder riskieren sie zumindest, wir sabotieren unser Ja oder auch unser Nein, je nachdem, was der andere in unserer Vorstellung oder tatsächlich von uns erwartet. Wenn wir passiv-aggressiv reagieren, sind wir wie in einem Nebel gefangen, deshalb bemerken wir dieses Verhalten oft selbst nicht. Wir agieren aus dem trotzigen Inneren Kind heraus, ein inneres Programm läuft ab, das wir an keiner Stelle stoppen können, außer wir sind sehr bewusst und bereit, es zu bemerken. Weil aber hinter all dem Trotz tiefer Schmerz, Wut, Scham und Hilflosigkeit verborgen liegen, können wir nicht klar denken, sind nicht ansprechbar, weil dieses Schmerzvermeidungsprogramm läuft, das uns früher sicher das Leben gerettet hat. »Der andere« kann auch der Staat oder eine Firma sein, jede Institution, jede Person ... jeder, der in diesem Moment Macht über uns ausübt oder Forderungen an uns stellt. Wir unterscheiden nicht, ob diese Forderungen angemessen sind oder nicht. Wir prüfen nicht zuerst, ob wir sie erfüllen wollen oder nicht, und handeln dann entsprechend, sondern wir fallen innerlich in Ohnmacht und fügen uns. Gleichzeitig, weil wir unsere Selbstbestimmung nicht völlig preisgeben können und wollen, sabotieren wir, und sei es, indem wir uns beklagen. Auf der Gefühlsebene spüren wir Aggression, gleichzeitig fühlen wir uns ausgebremst, blockiert, wir knirschen mit den Zähnen und tun, was von uns verlangt wird. Die Verantwortung für unsere Wut, unsere Ohnmacht, unsere Hilflosigkeit und unser Gefühl, hoffnungslos überfordert zu sein, schieben wir demjenigen zu, der diese Forderungen tatsächlich oder scheinbar an uns stellt – dabei sind wir es selbst, die nicht klar und deutlich entscheiden, ob wir ihnen nachkommen wollen oder nicht. Wir können nichts dafür, es ist unser trotziges Inneres Kind, das hier Regie führt – aber der andere kann schon gar nichts dafür, oder? Wir brauchen sehr viel Aufmerksamkeit und sehr viel Mut, um uns diesem Verhalten in all seinen Konsequenzen zu stellen, uns wirklich ins Gesicht zu sehen und auf viel mehr Ebenen, als wir uns im Moment vielleicht vorstellen können, klar und eindeutig zu handeln.

Wenn wir passiv-aggressiv agieren, blockieren wir natürlich alle wirksamen feinstofflichen Energien, weil wir verschiedene Signale zugleich aussenden. Unser Leben stockt immer wieder, wir blockieren uns und unsere Beziehungen förmlich selbst.

Bist du nun also wirklich dazu bereit, auch dieses Verhalten aufzugeben und dich in all deiner Klarheit zu zeigen, selbst wenn das bedeutet, Nein zu sagen und den anderen zurückzuweisen oder auch nur anderer Meinung zu sein? Dich also als eigenständiges Wesen zu präsentieren, aber auch so zu empfinden? Nichts ist für Beziehungssüchtige schwerer, denn wir spüren uns ja selbst in der Hauptsache über die Beziehungen mit anderen, wir brauchen das

Gefühl, mit dem anderen gleich zu sein, auf eine Weise mit ihm zu verschmelzen. Wir leiden darunter, dass wir uns als getrennt von anderen wahrnehmen, und dieser Schmerz ist, wenn wir ihn spirituell betrachten, auch vollkommen verständlich. Wir sind auf der Erde scheinbar getrennt voneinander, und das ist für uns als spirituelle Wesen ein Zustand, der sich anfühlt, als seien wir vom Licht abgetrennt worden. Natürlich tun wir alles, damit wir diese Trennung nicht spüren müssen.

Es gibt zum Glück Hilfe und Heilung. Wie wäre es, wenn wir jene Teile, die so schmerzlich unter der Trennung vom Licht, von der Liebe Gottes, von der Einheit mit allem oder auch unter unserer persönlichen inneren Spaltung leiden, sanft und achtsam zur Einheit und zur Liebe zurückführen würden? Das geht nur, wenn wir dazu bereit werden, sie zu spüren und jedes Verhalten, das diese Trennung wieder aktiviert, zu unterlassen, das weißt du, oder?

Meditation: Das Verlassen der Kampfarena

Schließe deine Augen, und stelle dir bitte eine echte Kampfarena vor, einen Boxring vielleicht. Betritt diesen Ring, und schaue, wer in der gegenüberliegenden Ecke steht. Vielleicht ist dir bereits bewusst, dass du mit diesem Menschen in einen Kampf verstrickt bist, vielleicht auch nicht. Vielleicht kämpfst du gegen dich selbst, gegen das Leben – oder es ist gar keiner da, und du stehst ein bisschen verloren herum? Beobachte einen Moment lang, wie du den Kampf führst, welche Waffen du nutzt. Schaue bitte auch, wer in dir diesen Kampf führt: Ist es das Kind, ist es die verletzte Frau, die beschämte Tochter, der Sohn, der endlich die Achtung bekommen will, die ihm zusteht? Wer kämpft? Und ist es überhaupt dein Kampf, oder stehst du für jemand anderes im Ring? Sollte in Wahrheit vielleicht deine Mutter, dein Vater, dein Bruder diesen Kampf führen? Was ist die Trophäe, woran würdest du erkennen, dass du gewonnen hast, worum geht es in diesem Kampf wirklich?

Und dann schaue, ob du bereit bist, auf diese Trophäe zu verzichten. Schaue, ob du bereit bist, einfach, weil du erkennst, dass hier nicht das ist, was du brauchst, um dich vor dem anderen zu verneigen und ihm uneingeschränkt den Sieg zuzugestehen. Wenn du weiterkämpfen willst, läufst du Gefahr, das nur noch um deines Egos Willen zu tun, denn du weißt nun, du kannst hier nicht gewinnen. Das, was du vom anderen willst, kann er dir nur schenken, es ist kein Preis, den du gewinnen kannst, egal was du tust. So verneige dich bitte vor dem anderen, und sage ihm:

»Ich erkenne deinen Sieg an, ich gebe mich geschlagen, ich beende nun diesen Kampf um deine Liebe, Achtung, Aufmerksamkeit (oder was auch immer).«

Das ist ein Schlag für das Ego, aber eine immense Befreiung für dich selbst. Wenn der andere etwas von dir will, was du ihm nicht geben wolltest, und ihr deshalb kämpft – weißt du was? Gib es ihm. Beende den Kampf, und gib es ihm einfach – und schau, was dann passiert. Wenn es nicht zu ihm gehört, wird es automatisch zu dir zurückströmen, es kommt gar nicht beim anderen an, selbst wenn er es noch so sehr haben will. Vielleicht erkennt der andere genau dadurch, dass du ihm gibst, was er sich erhofft, dass es gar nicht das ist, was er wirklich will. Und wenn das, was du ihm nun gibst, in Wahrheit wirklich zu ihm gehört, wird es sowieso Zeit, dass du es loslässt.

Verlasse nun bitte den Ring, egal in welcher Runde ihr euch befindet, gib den Wunsch, das dringende Bedürfnis, zu gewinnen, auf, erlaube dir, die Leere zu spüren, und lass die Fäuste sinken. Ziehe die Rüstung aus.

Du bemerkst eine Tür oder ein Tor ins Freie und verlässt den Ring. Ihr habt jeden Kampf miteinander erlebt, es gibt nichts mehr zu lernen. Tritt durch dieses Tor hindurch, und nimm wahr, wie du in ein Energiefeld aus Licht, Liebe und Freiheit eintrittst, in einen weiten, lichten Raum, vielleicht auch in eine Naturlandschaft. Du fühlst dich leicht und frei, und jetzt strömt genau die Energie, um die du schon so lange gekämpft hast, einfach so in dein Herz. Einfach so bekommst du genau das, was du brauchst, es steht dir zur Verfügung, weil du darum gebeten hast und es dir dient. Das, was du brauchst und was dir dient, fließt aus dem Licht der Liebe und Gnade in dich ein, du brauchst nicht darum kämpfen. Bleibe in diesem inneren Raum des Friedens, und schau von da aus auf dein Leben.

Komme dann in aller Ruhe zurück in den Raum, in dem du dich befindest, und nutze diese Meditation, um nach und nach all deine Kämpfe zu beenden.

Schritt 7

Bitte in aller Demut um Heilung.

Warum in aller Demut? Weil wir selbst nicht heilen können, und weil es für das Ego sehr wichtig ist, zurückzutreten. Unsere Kontrolle und unser bewusster Wille reichen nicht aus, wir brauchen Hilfe – und das zu erkennen, ist Demut. Wir wissen nicht, welche Programme und Muster von uns genommen werden sollten, wir wissen nicht, welche unbewussten Energien noch immer wirken und uns auf die alte, schmerzhafte Weise reagieren lassen. Egal wie sehr wir es zu wissen glauben – gerade wenn wir schon länger im Genesungsprozess sind, ist Demut ein wichtiges Werkzeug. Wir glauben, wir hätten uns schon so viel angeschaut, wüssten alles über unbewusste Muster, Verdrängung und unseren Vater- oder Mutterkomplex. Wir glauben, wir hätten unseren Müll sortiert und müssten ihn nur noch abtransportieren, dann wären wir endlich heil.

Doch so funktioniert das nicht, und das erleben wir immer wieder schmerzlich. Wir sind miteinander vernetzt, wir sind multidimensionale Wesen, wir haben unsere eigenen Programmierungen, aber wir dienen mit unserem Weg auch der Erlösung aller. Heil sind wir sowieso. Immer dann aber, wenn wir meinen, wir hätten »es« endlich verstanden, kommt mit Sicherheit von irgendwoher ein Thema angeflogen, das wir uns überhaupt noch nicht angeschaut haben. Es ist schwierig, damit innerlich in Frieden zu kommen, vor allem wenn wir noch immer einen Großteil unseres Selbstwertgefühls daraus beziehen, dass wir das Leben und uns selbst einigermaßen unter Kontrolle haben. Ich erlebe oft, dass mir jemand sagt: »Aber Susanne, ich arbeite schon so lange an mir, und ich weiß das alles, warum handle und fühle ich denn immer noch auf die gleiche Weise?« Weil wir eben nicht alles wissen, und weil unsere Verflechtungen sehr viel weitreichender sind, als uns das bewusst ist. Wir sind mit der gesamten Menschheitsgeschichte verbunden. Durch alle Zeiten hinweg sortieren, heilen und halten wir die Energien für den ganzen Planeten und darüber hinaus. Solange noch ein Mensch, ein Tier oder eine Pflanze nicht mit dem nötigen Respekt und der ihm oder ihr zustehenden Liebe behandelt wird, so lange sind wir in Kontakt mit Mangel, Angst und Selbstabwertung. Natürlich können wir, indem wir unsere Aufgaben Stück für Stück, so, wie sie sich eben stellen, lösen, immer lichter und freier werden. Das persönliche Leid hört auf, und wir fühlen uns frei und lichtvoll. Wenn aber eine neue Stufe der Heilung ansteht, wenn sich auf der irdischen Ebene ein Quantensprung vollzieht, wenn sich die nächste Ebene des Bewusstseins und der Heilung anbahnt, dann hängen wir wieder mit drin, und das ist auch richtig so. Demut meint, wir haben zugestimmt, für die globale Erlösung zur Verfügung zu stehen, und das bedeutet, dass größere Kräfte diesen Prozess leiten und führen. Heißt das, wir sind ein Spielball des Schicksals? Auf menschlicher Ebene mag es sich ab und zu so anfühlen, aber auf der Ebene der Seele, aus einer höheren Sicht der Dinge, sind wir immer Schöpfer.

Wenn du dir dein Leben für eine kurze Zeit aus einer höheren Sicht anschaust, dann ergibt alles, was bisher geschehen ist, durchaus einen Sinn. Dein Leben spiegelt nicht nur eine Lernaufgabe, sondern bildet einen Suchweg, einen Weg der Erlösung, einen Pilgerpfad des Bewusstseins. Damit versteht du auch, warum das geistige Ausrichten zwar wesentlich ist, dir den Weg aber nicht erspart. Das bewusste Ausrichten deiner Absicht und damit deiner Gedanken, Gefühle und Handlungen, das jeder spirituelle Lehrer auf eine etwas andere Weise lehrt, gehört untrennbar zum Weg dazu, es ist ein Teil der geistigen Gesetze, die du für dich, aber auch für alle anderen erfährst. Es ist nicht der ultimative Schlüssel zur Glückseligkeit, sondern ein angewandtes geistiges Gesetz, eines von vielen anderen, die dir alle nach und nach begegnen. Verwechsle die Ebenen bitte nicht. Es mag wundervoll sein, und du hast das Gefühl, du bist angekommen, wenn du dir Dinge und Ereignisse erschaffen kannst. Aber es ist nur ein Teil der Kraft, die du erfahren darfst und sollst, und deshalb befriedigt es nicht auf Dauer. Immer wenn das »Bestellen« nicht klappt, zeigt sich ein anderes geistiges Gesetz, das von dir erforscht werden will – zum Beispiel das Gesetz der Demut.

Stärker als dein bewusster menschlicher Wille ist nun mal die Liebe deiner Seele zur Schöpfung Gottes. Wenn du deinen bewussten Willen in den Dienst der Liebe deiner Seele stellst, dann wirst du Wunder erleben, denn nun wirken all deine Kräfte in die gleiche Richtung, sie folgen derselben Absicht. So bitte nicht um rasche

Genesung, sondern darum, so leicht, bewusst und liebevoll wie möglich geführt zu werden und dabei all das zu erlösen, was durch dich erlöst werden will. Deine Seele liebt die Schöpfung, sie liebt das Leben und hat sich dazu bereit erklärt, jeden Weg zu gehen, der nötig ist, damit Bewusstheit und Licht auch in die hinterste Ecke des Universums getragen werden. Welche Wege dazu nötig sind, weißt du nicht, aber sei sicher, du wirst durch innere Impulse, aber auch durch äußere Schwierigkeiten und Angebote hingeführt.

Heilung geschieht niemals nur für dich selbst, sondern immer auch global. Auf seelischer Ebene ist dir das sehr bewusst, aber auf der Erde vergisst du das. Demut bedeutet, du erkennst, dass du nicht weißt, mit welchen Strängen du verflochten bist, in welcher Hinsicht du Heilung brauchst und welche Schlüssel dir fehlen. Aber, und das ist die gute Nachricht, natürlich wissen es deine Seele, dein Hohes Selbst und die göttliche Ordnung. Wenn du dich nun also der Heilung öffnest, dann wirst du mit allem in Kontakt gebracht, was endlich heilen darf und will, persönlich und global. Deine Heilung ist umfassender, als du vielleicht glaubst, denn du heilst nicht nur deine eigene Geschichte, sondern deinen Teil der Geschichte der Menschheit. Glaubst du nun, zu wissen, welche Themen erlöst werden sollten, dann verpasst du womöglich genau den Schlüssel, der durch dich im Schloss gedreht werden will. Du brauchst Achtsamkeit, all deine Werkzeuge, dein Mitgefühl mit dir selbst, deine Bereitschaft, zu genesen und das alte Verhalten nicht länger zu nähren, und du brauchst Ehrlichkeit dir selbst gegenüber, so sehr, dass es beinah wehtut. Du brauchst innere Klarheit und dieses unbestechliche Gefühl für Richtig und Falsch, das du tief im Bauch spürst. Und du brauchst Demut, denn du weißt nicht, welche Aufgaben du dir gestellt hast, besonders dann nicht, wenn du schon länger auf diesem Weg bist und das Offensichtliche in dir erlöst hast. Gerade dann werden die Aufgaben größer, umfassender. Sie fühlen sich noch immer sehr persönlich an, greifen aber in universale, gemeinschaftliche Energiefelder ein.

Und doch gibt es natürlich jenen irdischen Anteil, der sicher sehr müde ist, den Weg zwar geht, sich aus reiner Liebe auch zur nächsten Erfahrung hinschleppt, in Wahrheit aber längst nach Hause will. Es wird Zeit, dass wir uns selbst von der Last erlösen, die wir uns immer wieder aufbürden. Denn so sehr wir auch in aller Liebe an der lichtvollen Bewusstwerdung teilhaben wollen, so sehr wird es auch für uns selbst Zeit, in Licht und Liebe, Freiheit und Leichtigkeit zu leben. Und, wer weiß, vielleicht ist das genau die Aufgabe, die jetzt ansteht, uns selbst, den menschlichen Anteil, der immer wieder leidet und die Schwere der Erde so bereitwillig durch alle Inkarnationen hindurch getragen hat, gehen zu lassen?

Hier ist eine Meditation, die dir dabei helfen will, dich selbst zu erlösen. Du wirst beim Meditieren deutlich spüren, dass es um das Geschehenlassen geht, nicht um das Tun.

Die Erlösung des menschlichen Selbst

Mache es dir wie immer bitte bequem, und nutze eine Entspannungstechnik, um zur Ruhe zu kommen. Bitte den Teil in dir, der all diese irdischen Erfahrungen aushalten muss, sich dir zu zeigen. Das ist der menschliche, sehr verletzte Teil in dir, der enttäuscht ist, keine Kraft mehr hat, nicht mehr kämpfen will und vielleicht sehr müde ist. Es ist der Teil, der voller Liebe und Bereitschaft immer wieder dazu bereit ist, sich zu opfern, die wirkenden Energien zu fühlen, am eigenen Leib zu erfahren, all das, was du entscheidest und was dir widerfährt, in Erfahrungen umzusetzen. Bitte frage diesen Teil in dir, ob er eigentlich noch gern auf der Erde ist. Es gibt Bereiche in uns, die so verletzt sind, dass sie genug haben und nicht mehr hier sein wollen. Es ist nun Zeit, sie gehen zu lassen, sie brauchen sich nicht mehr mit letzter Kraft aufrechtzuhalten. Sieh, wie verletzt dieser Teil ist, wodurch er es ausdrückt. Vielleicht sitzt der menschliche Anteil einfach in einer Ecke, oder du nimmst nur ein graues Energiefeld wahr. Vielleicht begegnet dir eine müde Kriegerin oder ein müder Krieger, schaue hin, und nimm diesen Teil bitte voller Mitgefühl in die Arme. Er ermöglicht deiner Seele all diese Erfahrungen. Vielleicht ist nun einfach Zeit, nach Hause zu gehen. Wenn du erkennst, dass dieser Teil nicht mehr auf der Erde sein will, dann schicke ihm bitte eine hell strahlende Lichtsäule, indem du dir einfach eine vorstellst. Eine Lichtsäule ist ein sehr hoch schwingendes Energiefeld, das aus dem Bereich der ungeteilten göttlichen Ordnung bis hinein in das Herz der Erde reicht. Du siehst vielleicht einen runden Lichtkegel auf dem Boden, vielleicht durchströmt die Lichtsäule auch den Boden und reicht weit in die Erde hinein. Sie ist hell und nach außen hin deutlich definiert, hat also klar umrissene Ränder. Nun bitte einige Engel zu dir, du spürst sie als Wärmestrahlung oder als angenehmes, entspanntes Gefühl. Bitte den verletzten, müden menschlichen Teil darum, in diese Lichtsäule zu gehen, damit er aufsteigen kann. Danke ihm von ganzem Herzen, und entlasse ihn aus seinem Dienst. Keine Sorge, das, was hier bleiben soll, bleibt hier. Aber dieser zutiefst erschöpfte menschliche Anteil darf nun gehen, er hat genug erlebt und erlitten. Du spürst ja selbst, wie müde du bist. Es gibt jetzt einen anderen, besseren Ort für diesen Anteil. Erlaube ihm, an den spirituellen Ort zu gehen, der jetzt für ihn richtig ist. Die Engel führen ihn dorthin, du brauchst nicht zu wissen, wo das ist. Sieh, wie er reagiert – ist er erleichtert, schaut er sich um, was geschieht? Und wie fühlst du dich selbst?

Komme nun in deiner Zeit zurück, bleibe aber verbunden mit dem Wissen und dem Bewusstsein, aus dem heraus du dies gerade eben erlebt hast. Du erweiterst dein Bewusstsein, indem du nicht mehr von Ebene zu Ebene schwebst, sondern in allen Ebenen gleichzeitig bewusst anwesend bist.

Schritt 8

Werde bereit, alles wiedergutzumachen, bei anderen, besonders aber bei dir selbst.

Mache dich bereit, alles, was du von anderen übernommen hast, zurückzugeben und die Verantwortung für das, was zu dir gehört, von nun an – auch rückwirkend – zu tragen.

Nun beginnt die Zeit der Handlungen, der Taten. Wir fangen an, uns tatsächlich und spürbar anders zu verhalten, und das ist neu. Bislang haben wir Absichtserklärungen abgegeben, eine Menge Papier vollgeschrieben und unsere Energien mit einem anderen Menschen geteilt. Wir haben uns intensiv mit uns selbst befasst. Jetzt gehen wir hinaus und zeigen uns in einem neuen Licht, wir reden nicht nur, sondern folgen merklich und wirksam anderen Impulsen als bisher. Wir bringen das Licht auf die Erde, wir verankern es durch unser Verhalten ganz konkret und erlebbar im Erdenergiefeld – auch rückwirkend. Damit werden wir für andere sichtbar, und es kann sein, dass sie auf eine andere Weise reagieren als bisher. Das macht dem Inneren Kind eine Menge Angst, kannst du dir das vorstellen?

Wie findest du nun heraus, für wen du etwas trägst und wem du Verantwortung für dein Wohlergehen übertragen hast, mit wem du also in Abhängigkeiten verstrickt bist? Das ist ganz einfach: Du brauchst dir nur deine Beziehungen anschauen und die Energien abfragen, dann weißt du es. Fließt die Energie zwischen euch gut und frei, dann kannst du frei atmen, wenn du an den anderen denkst. Herrscht Enge zwischen euch (worin auch immer diese Enge begründet liegt), dann erlebst du das in Form von Beklemmungen, einem unguten Gefühl oder einer inneren Abwehrhaltung. Besonders aber hilft dir dein Verstand. Weil du jetzt um deine co-abhängigen Verhaltensweisen und Strukturen weißt, kann dein Verstand ganz klar unterscheiden, in welchen Bereichen du dich verstrickt hast. Selbstverständlich brauchst du das unbestechliche Schwert der Klarheit und der Aufrichtigkeit. Immer dann, wenn du dieses innere »Ich weiß es ja eigentlich, aber ...« erlebst, darfst du den Lichtstrahl deiner ganz besonderen Aufmerksamkeit wirken lassen.

Du schaust dir also deine Verantwortlichkeiten an und nimmst die Verantwortung für das, was du verursacht hast, zu dir zurück. Du machst dein Fehlverhalten wieder gut. Warum? Co-Abhängigkeit geht einher mit immensen Schuldgefühlen, die zum Teil unberechtigt, zum Teil aber sicher auch angemessen sind. Du solltest alles tun, um dich von jener Schuld, die du wiedergutmachen kannst, zu befreien. Du neigst wegen deiner Co-Abhängigkeit sowieso zu Schuldgefühlen. Wenn du nun dazu bereit wirst, hinter dir aufzuräumen, dann kannst du zumindest jene Schuld loslassen, die real ist. Du bekommst festeren Boden unter die Füße, und die wabernden Nebelschwaden beginnen, sich zu lichten. Im Moment kannst du sicher noch nicht wirklich unterscheiden, welche Schuldgefühle richtig sind und welche Ausdruck deiner Co-

Abhängigkeit. Also: Wem bist du tatsächlich etwas schuldig? Eine Bitte um Verzeihung, um Geld, eine Antwort, ein Gespräch, ein Eingeständnis, dass auch du deinen Teil zu den Schwierigkeiten, die ihr hattet, beigetragen hast? Es spielt überhaupt keine Rolle, warum du so gehandelt hast und wie viel Unrecht dir der andere zugefügt hat. In diesem Schritt schaust du dir deine eigene Seite an. (Wir sind meistens sehr gut darin, zu erkennen, wo uns selbst Unrecht zugefügt worden ist, aber das hilft hier nicht.) Selbstverständlich gehörst du an die erste Stelle dieser Liste, denn am meisten hast du wohl selbst unter der Co-Abhängigkeit gelitten. Hier darfst du eine ganze Menge wiedergutmachen.

Der Sinn dieses Schrittes besteht darin, deine Kreise zu schließen und dich von den Schuldgefühlen zu befreien. Es geht nicht um eine heroische, selbstlose Tat, sondern darum, dass wir es uns als Co-Abhängige nicht leisten können, alte Rechnungen offen zu haben. Wir fühlen uns sowieso schon für alles schuldig und verantwortlich. Räumen wir also wenigstens das hinter uns auf, was sich aufräumen lässt, damit wir innerlich klarer und freier werden.

Verstehst du, weil du es für dich selbst tust, spielt es keine Rolle, ob der andere dir vergibt oder was er dir zugefügt hat. Du putzt dein eigenes Haus, denn du musst darin wohnen – was die anderen machen, kann dir gleichgültig sein. Es geht hier nur um dich und deine Genesung und Klarheit. Das sage ich deshalb so ausdrücklich, damit du erkennst, wie wichtig dieser Schritt für dich selbst ist, egal wie berechtigt deine Reaktion auch gewesen sein mag. Co-Abhängige, so leid es mir tut, das sagen zu müssen, gefallen sich oft selbst ein bisschen zu sehr in der Rolle des Opfers und halten ihre eigenen Reaktionen für berechtigt. Nun, das waren sie sicher auch. Hier schauen wir uns aber die an, die eben nicht ganz berechtigt waren, so verständlich sie auch gewesen sein mochten. Weißt du, wenn etwas in dir spürt, dass du nicht ganz nach bestem Wissen und Gewissen gehandelt hast, dann gibt es eine Quelle, die andauernd leise Schuldgefühle produziert. Dein Hohes Selbst ist unbestechlich. Es ist, als nage etwas an dir, als wolle dich eine innere Stimme daran erinnern, dass es noch ein paar Kreise zu schließen gibt. Und weil wir uns sowieso wie in einem einzigen Sumpf aus Schuldgefühlen vorkommen, legen wir sie trocken und überprüfen sie. Ganz sachlich und pragmatisch.

Mache also diese Liste, und schreibe dahinter, auf welche Weise du den anderen geschädigt hast, ganz klar und eindeutig. Lasse bitte die Scham, den Ärger und die Schuldgefühle für einen Moment beiseite, deine Schutzengel, dein Krafttier, deine Höhere Macht sind bei dir. Stelle dir das bitte vor wie einen Stapel alter Rechnungen, die du aussortierst. Das, was beglichen ist, kommt in den Papierkorb, das, was noch offen ist, bezahlst du, damit dieser Stapel endlich verschwinden kann, er ist ja schon ganz vergilbt und wellig. Ich verspreche es dir, du wirst dich wundern, wie befreit du dich fühlen wirst, und du wirst bemerken, wie groß die Last war, die du mit dir herumgeschleppt hast.

Viele von uns, die sich schon länger mit spiritueller Selbstverantwortung beschäftigen, erlauben sich gar nicht mehr, Wut und Aggressionen zu spüren. Wir erlösen alles in Liebe und kippen doch nur rosaroten spirituellen Zuckerguss darüber. Wir weisen dem anderen keine Schuld mehr zu, sondern nehmen die volle Last der Verantwortung auf uns. »Das habe ich mir so ausgesucht«, oder »Ich habe es ja zugelassen«, sind die Sätze, mit denen wir unsere Wut und Trauer zu zügeln versuchen. Ja, wir haben uns die Erfahrung, verletzt zu werden, möglicherweise ausgesucht. Wut und Aggressionen sind (außer, sie nehmen überhand und bilden die Standardreaktion auf das Leben) kein Schatten, sondern einfach Ausdruck der ganz gesunden, natürlichen und vitalen Lebenskraft. Diese spirituelle Scheinwelt, in der alles rosa und heiter ist und SEIN MUSS, ist letztlich nur wieder ein Teil der Astralwelt, in die wir uns flüchten, eine Illusion. Sie ist nicht echt, und deshalb können wir von hier aus auch kein echtes Licht in die Welt bringen. Echte Energie ist voller Liebe, aber nicht weich gespült, sondern klar und, wenn es sein muss, auch ausgesprochen kraft- und machtvoll.

Viele Menschen verwechseln Liebe mit Harmoniesucht. Echte Liebe ist immer gepaart mit Klarheit, Handlungsfähigkeit und einer gewissen Kompromisslosigkeit. Wenn du den Lichtweg gehst, brauchst du das Schwert der Klarheit, das mit dem Herzen verbunden ist, du brauchst Mut, zu deiner Wahrheit zu stehen, auch wenn sie anderen nicht gefällt. Vielleicht gefällt sie nicht einmal dir selbst, und doch ist es deine Wahrheit. Du brauchst die Kraft, dich allem zu stellen, was kommt, auch und gerade deinem eigenen Schatten. Wenn du Licht und Liebe mit Zuckerwatte verwechselst, ist das Ausdruck deiner Harmoniesucht. Es ist das Innere Kind, das Konflikte nicht aushält. Gehst du den Lichtweg wirklich, dann stellst du dich allem, was dir begegnet. Du nutzt genau dieses Licht, um es auf eine höhere Stufe des Bewusstseins zu bringen, aber das heißt nicht, es mit Zuckerguss zu überziehen, sondern klar und eindeutig zu reagieren und von anderen, aber auch von dir selbst, die Einhaltung der geistigen Gesetze einzufordern.

Um deine Erfahrung also wirklich durchleben zu können, ist es nötig, dass du dir all deine Reaktionen erlaubst, auch die Wut, auch das Verletztsein. Wenn du dazu bereit werden willst, etwas wiedergutzumachen, dann wirst du dir deine Gefühle anschauen müssen, sonst bleibt deine Bereitschaft halbherzig oder wird ein Opfertrip. Das ist kein echtes Wiedergutmachen. Du opferst dich nicht auf, das tust du sowieso andauernd, sondern du beginnst, den größeren Zusammenhang zu erkennen und nimmst deine Energie zu dir zurück. Wenn du also Namen von Menschen, die dich sehr verletzt haben, auf deiner Liste stehen hast, dann schreibe bitte dahinter, was du fühlst. Wenn du nicht gern schreibst, dann erlaube dir, es zu spüren, oder suche dir jemanden, mit dem du darüber reden kannst und der nur zuhört, nur Raum gibt.

Um wirklich bereit zu werden, Unrecht wiedergutzumachen, musst du deinen eigenen Verletzungen Tribut zollen. Ja, du bist verletzt, sehr sogar. Bitte lasse es zu, und wische es nicht gleich wieder weg, bade dich aber auch nicht darin. Spüre es, und dann schaue, ob du dazu bereit bist, eine höhere Sicht der Dinge einzunehmen, auch wenn du nicht weißt, wie. Wenn du dir die gesamte Verantwortung für die Situation auflädst, dann schädigst du dich selbst damit, und dann bist du kein Stück weiter, sondern hast nur die Lasten anders verteilt. Du trägst einen Teil der Verantwortung, und ja, natürlich hättest du eigentlich aussteigen können, aber offensichtlich ging es doch nicht, oder? Du wirst deine Gründe haben, bitte respektiere sie. Verneige dich vor deiner eigenen Entscheidung, sie war damals richtig, sonst hättest du die Erfahrung nicht machen können. Verzeihe dir bitte selbst dafür, dir diese Erfahrung zugemutet zu haben, und dann schaue, wie du sie rückgängig machen kannst. Wiedergutmachen bedeutet, die Energie so zu verändern, dass alle Folgen eines Verhaltens gelöscht werden, soweit das möglich ist, besonders die Folgen in dir selbst.

Was ist nötig, um alles wiedergutzumachen? Das weißt nur du selbst, nur du kennst den Schaden, den dein Verhalten bei dir selbst und bei anderen angerichtet hat. Hast du genau gelesen? Das weißt nur du selbst, damit meine ich, dein SELBST weiß es. Ich bitte dich, setze dich ganz bewusst in deinen Lichtkreis, in deinen Kraftstrahl, nimm bewusst deinen Platz auf der Erde ein. Und dann schaue dir die Liste an. Vielleicht wird dir nun auf der Stelle klar, wie du den anderen geschädigt hast und wie du es wiedergutmachen kannst. Vielleicht aber hilft dir auch die folgende Übung:

Suche dir eine der Angelegenheiten aus, die du wieder in Ordnung bringen willst, und stelle dir dann bitte vor, dass die Beziehung mit jenem Menschen oder dieser Institution wie ein Haus ist. Nimm wahr, in welchem Zimmer du dich befindest, wie es dort aussieht, ob es dir gefällt. Wenn du an dein co-abhängiges Verhalten denkst, was geschieht mit diesem Zimmer, wie spiegelt sich deine Energie hier? Vielleicht hat es keine Fenster, vielleicht ist es eine Art Folterkammer, ein Kinderzimmer oder einfach total vollgerümpelt, vielleicht ist es gar eine Waffenkammer, und du ballerst wild um dich. Oder fühlst du dich eher wie in einer Kaugummiblase gefangen? Sitzt du in einem Verlies? Schaue dich um, und spüre, wie du dich fühlst, nimm wahr, welche Gedanken du denkst und ob du einen Ausweg siehst. Und dann rufe bitte deine höhere Kraft aus Schritt 3 herbei, wer auch immer das sein mag, die göttliche Ordnung, dein Hohes Selbst, dein Krafttier, deine innere wilde Frau, falls du das entsprechende Buch kennst[6]*, oder eben die Energie, die dir hilft. Bitte sie, wenn du sie wahrnimmst, dich aus diesem Raum hinauszuführen. Entweder ihr verlasst das Haus ganz oder ihr findet einen anderen Raum, in dem Licht, Liebe, Klarheit und Freiheit herrschen. Das kannst du nicht selbst entscheiden, lasse dich bitte führen, deine Höhere Macht weiß genau, welche Energie, welcher Raum jetzt hilfreich ist. Betritt diesen Raum. (Stelle ihn nicht infrage, sondern vertraue. DU weißt es nicht,*

6 Susanne Hühn: *Wilde Frau sein. Bauch und Herz in Einklang bringen. Ein Ratgeber für alle, die (noch) nicht »Nein« sagen können*. Darmstadt 2014.

erinnere dich bitte daran, wir geben ab und haben um Heilung gebeten, also lassen wir sie auch zu, o. k.?) Sieh dich um, und schaue, was in dir geschieht. Welche Energien herrschen hier, wie fühlst du dich, ist der andere bei dir, oder bist du allein?

Von hier aus kannst du deine Angelegenheit klar sehen, und jetzt wird dir auch klar, was zu tun ist, um die Sache in Ordnung zu bringen. Vielleicht musst du einen Brief schreiben, dich entschuldigen, vielleicht musst du tatsächlich gehen und Nein sagen, vielleicht wird es auch Zeit, den anderen einfach in Ruhe zu lassen und dich um dein Inneres Kind zu kümmern. Gib die Lasten, die du für ihn trägst, an seine Schutzengel weiter, damit du sie nicht länger mit dir herumschleppen musst, denn das hilft nicht.

In diesem Buch biete ich dir keine Therapien an, bitte suche dir Hilfe, wenn du an dieser Stelle angelangt bist, sei es in Form von Büchern, Seminaren oder einem Therapeuten deines Vertrauens. Was auch immer nötig ist, um gesund zu werden und aus den Verstrickungen auszusteigen, bitte TUE es. Das kannst du nicht nur im Kopf lösen, dies ist der Schritt, in dem du zu einer konkreten Handlung bereit wirst. Höre dir also selbst zu, oder triff dein Hohes Selbst in diesem Raum, und frage es, was zu tun ist, damit die göttliche Ordnung wieder fließen kann. Meist ist die Lösung weitaus weniger dramatisch, als wir befürchten. Zumindest ist sie weniger dramatisch, als alles, was wir in unserem co-abhängigen Suchtmuster bisher veranstaltet haben.

Also, was ist zu tun? Ich biete dir hier eine Formel zur Lösung an, die ich dir bereits im Buch »Loslassen und die ideale Beziehung finden«[7] vorgestellt habe, sie kann dir vielleicht gute Dienste leisten. Diese Formel wird auf eine ähnliche Weise besonders im Familienstellen angewandt, um alte Kreise zu schließen.

Ich danke dir für all das Gute,
das ich von dir bekommen habe.

Ich nehme es mit in meine Zukunft
und halte es in Ehren.

Und was du von mir bekommen hast,
darfst du mit in deine Zukunft nehmen.

Für das, was zwischen uns schiefgelaufen ist,
übernehme ich meinen Teil der Verantwortung,
und deinen lasse ich ganz bei dir.

Und jetzt darf es vorbei sein.

Ich lasse dich jetzt ganz in Ruhe.

7 Susanne Hühn: *Loslassen und die ideale Beziehung finden. In 12 Schritten zur erfüllenden Partnerschaft*. Darmstadt 2006.

Du verlässt den Raum. Ob ihr gemeinsam einen neuen Raum betretet, oder ob du das Haus ganz verlässt, wirst du spüren. Diese Übung kannst du auch in einer gut funktionierenden Beziehung immer wieder durchführen, damit das Alte abgeschlossen und ein gemeinsamer neuer Raum betreten werden kann. Das, was gut und lichtvoll ist, wird auch im neuen Raum auf euch warten.

Es ist hilfreich, wenn du die Bereitschaft in dir spürst, rasch den nächsten Schritt zu machen, denn nun wechselst du die Schale, hier kommt der Quantensprung. Zögerst du zu lange, dann verpufft die Energie wieder – und gehört Zögern nicht sowieso auf die Liste deiner schlechten Angewohnheiten? Mit Zögern und Zaudern, Hadern und Zweifeln hältst du dich selbst in Schach und verhinderst den Fluss deines Lebens – also setze dieses Verhalten nicht länger fort, sondern springe. (Natürlich ist das leichter gesagt, als getan, aber, auch wenn ich mich wiederhole: Du hast nun mal keine Wahl. Es ist auch leichter, nicht geboren zu werden, als erst den ganzen langen Weg zur Erde zu kommen und dann diese neun Monate durchzustehen, um gar nicht von der Geburt zu reden, vom Laufen-Lernen, und weißt du noch, wie schwer du dich zu Beginn mit dem Sprechen getan hast? Wie oft du vom Fahrrad gefallen bist? Aber du hast es geschafft, also kriegst du das hier jetzt auch hin, ich habe volles Vertrauen in dich.)

Schritt 9

Erlaube dir, in Frieden mit dem zu kommen, was war und was ist.

Mache bei dir und den anderen alles wieder gut, und erlaube dir, zu vergeben.

Was heißt das denn, alles wiedergutzumachen? Woran spürst du, dass etwas »wieder gut« ist, und wer beurteilt das? Wiedergutmachung meint in diesem Fall, die göttliche Ordnung, die geistigen Gesetze wieder wirken zu lassen und die Dinge »in ihre Ordnung« zu bringen bzw. »in die Ordnung fallen zu lassen«. Dazu gehört, die Kontrolle loszulassen. Du weißt nicht, wie diese Ordnung aussieht, du kannst nur bereit werden, sie wirken zu lassen. Das heißt auch, dass du dazu bereit wirst, alles zu fühlen, was du nun mal fühlst, und ganz besonders ehrlich zu dir selbst zu sein.

Wie oft hast du aus Liebe gehandelt und dich damit selbst geschädigt? Ja, du weißt, dass das keine Liebe, sondern Co-Abhängigkeit ist. Lasse mich noch mal fragen: Wie oft hast du dich aus reiner Liebe und ganz bewusst selbst geschädigt? Nicht alles ist co-abhängig. Manche Opfer sind Geschenke, die wir ganz und gar bewusst aus Liebe geben, auch wenn sie uns selbst schädigen oder zu schädigen scheinen. Manches ist auf hoher Ebene abgesprochen, und wenn es noch so süchtig und nach Rettersyndrom aussieht. Manchmal müssen wir einen Liebesdienst erfüllen, auch wenn wir einen hohen Preis dafür zahlen. Dagegen wäre in der göttlichen Ordnung auch nichts einzuwenden, wenn wir uns nicht selbst immer wieder dafür anklagen würden. Ja, auch du hast dich selbst geschädigt, und du darfst nun damit aufhören, aber du hast auch einen Dienst am anderen geleistet, und es ist nicht deine Schuld, dass der andere deine Hilfe nicht annehmen konnte oder wollte. Du weißt, etwas in dir musste es versuchen. Es wird Zeit, dass du dafür anerkannt und gesegnet wirst. Ja, du hast mehr gegeben, als gut für dich war. Aber welche Gründe auch immer noch eine Rolle spielten, in erster Linie war es Liebe. Es mag Kontrolle mitgespielt haben, auch das Ego, das gebraucht werden wollte, ja. Du hörst ja auch damit auf. Aber für die Liebe, die in diesem Prozess geflossen ist, bekommst du nun Segen und Heilung, damit du endlich loslassen kannst. Und für das Opfer bekommst du Anerkennung und Mitgefühl.

Die Geistige Welt sagt dazu:

Wenn du zu viel gibst, schämst du dich hinterher, du spürst deine Bedürftigkeit, erkennst ja selbst, dass du dir damit keinen Gefallen getan habt. Und doch: Welche Beweggründe auch immer eine Rolle gespielt haben mochten, ein Beweggrund war mit Sicherheit der, dass du es als Engel einfach gewöhnt bist, einzugreifen, wenn jemand Hilfe braucht. Und dafür musst du gewürdigt werden, sonst bleibt dein Opfer ungesehen, und du schämst dich weiter dafür, zu viel gegeben zu haben.

Hier auf der Erde ist es nicht sinnvoll, und es dient nicht, wenn du dich über Gebühr verausgabt, um für jemanden da zu sein. Und dennoch gibt es etwas in dir, was wahrhaftig selbstlos geben will – was weder co-abhängig noch süchtig ist, sondern einfach pure, reine Liebe atmet. Diesen Teil wollen wir würdigen und segnen.

Dieser Heilsegen hilft dir bei der Vergebung all dessen, was du dir selbst nicht vergeben kannst. Wenn du das Gefühl hast, es könnte dir beim Wiedergutmachen an dir selbst helfen, erlaube dir, dich selbst in dieses Ritual hineinzuführen.

Wiedergutmach-Ritual

Stelle dir bitte in der Mitte des Raumes, in dem du dich befindest, eine Lichtsäule vor, und begib dich mit dem Buch in der Hand hinein. Nun stelle dir vor, dass aus dem Herzen Gottes Liebe und Segen in diese Lichtsäule und auf dich hinab fließen. Wir weben dir diesen Segen hier und jetzt mit in diesen Text hinein.

Fühle dich nun von allen Engeln und der Hand Gottes gesegnet,

- ✧ *wenn du aus Liebe Dinge getan hast, die dich geschädigt haben.*
- ✧ *wenn du aus Liebe ein Kind nicht zur Welt gebracht oder verlassen hast.*
- ✧ *wenn du aus Liebe deine Träume verschoben oder nicht gelebt hast.*
- ✧ *wenn du, um für jemanden da zu sein, dein eigenes Leben und deine Angelegenheiten vernachlässigt hast.*

- ✧ *wenn du für jemanden gelogen oder gestohlen hast.*
- ✧ *wenn du versucht hast, jemandem die Lasten abzunehmen, sie zu tragen, obwohl du vielleicht bereits gespürt hast, dass es nicht helfen würde.*
- ✧ *wenn du deine Sexualität und deine Lebendigkeit unterdrückt hast, um für jemanden sorgen oder bei ihm bleiben zu können (zum Beispiel wenn du einen kranken Partner oder ein krankes Kind hast).*
- ✧ *wenn du versucht hast, jemandem finanziell zu helfen und dich damit selbst in Schwierigkeiten gebracht hast.*
- ✧ *wenn du dich und deine Bedürfnisse selbst verleugnet hast, um andere nicht in emotionale Schwierigkeiten zu bringen.*
- ✧ *wenn du aus Liebe erlaubt hast, verletzt zu werden.*
- ✧ *wenn du immer wieder versucht hast, doch noch einen gemeinsamen Weg für euch zu finden, obwohl du gespürt hast, dass euer Weg zu Ende war.*

Schreibe dir bitte auf, was du aus Liebe getan hast, nur du kennst deine Geschichte. Und jetzt erkenne das Opfer an, das du gebracht hast.

Sage dir bitte selbst laut die Worte: »Ich sehe dein großes Opfer, und ich segne und ehre dich dafür, dass du es aus Liebe gebracht hast.«

Ja, all das war nicht hilfreich, und sicher hast du dir selbst damit geschadet. Selbstverständlich hörst du auf der Stelle damit auf. Aber du schadest dir nur immer weiter, wenn du dich nicht dafür anerkennst und es nicht in Frieden gehen lässt. Denn deine bewussten Absichten waren rein, egal welche unbewussten Beweggründe in dir wirkten. Heute weißt du es besser, aber damals hast du nach bestem Wissen und Gewissen gehandelt.

Und jetzt darfst du dich auch wieder aus reiner Liebe heraus anders entscheiden. So frage dich, ob du dazu bereit bist, deine Schöpferkraft erneut zu nutzen und neue Wege zu gehen, Wege, die dir selbst und deinem göttlichen Selbstausdruck dienen.

Falls du dazu bereit bist, sage dir selbst laut: »Ich segne und achte dich für die Entscheidung, von nun an einen anderen Weg zu gehen.«

Was wirklich schmerzt, ist nicht das Opfer, das du bringst. Wenn du spürst, dass es dem Leben dient, dann bringst du es gern. Was wirklich schmerzt, ist das Erkennen, dass es sinnlos war, es den anderen weder glücklich gemacht noch irgendwie weitergebracht hat. Du hast ihn weder geheilt noch von ihm das bekommen, was du dir so sehnlich gewünscht hast. Lass es los. Das Opfer ist gebracht, und du bekommst deine Anerkennung, aber bring es bitte nicht länger, es dient wirklich niemandem, auch nicht dir selbst oder Gott. Wenn du wichtige Lebensbereiche geopfert oder ausgebeutet hast, um jemandem zu dienen, ohne dass es einen echten Unterschied ergeben hat, dann trauere bitte um die Zeit und die Energie, auch um die Möglichkeiten, die du verschenkt hast – aber dann gehe weiter. Jede Minute, in der du dein Opfer weiter bringst, ist verschenkte Lebenszeit.

Hat dein Opfer aber für eine gewisse Zeit tatsächlich Früchte getragen, dann ehre dich selbst dafür, dass du es gebracht hast, und erlaub dir, zu spüren, ob der Vertrag zwischen euch ausläuft oder gar längst beendet ist. Du erkennst das daran, dass du müde und aggressiv zugleich wirst, wenn du daran denkst, dich selbst wieder und wieder zurücknehmen zu müssen und du das dringende Gefühl hast, dein eigenes Leben zu verpassen. Du hast es nicht verpasst, du hast die Verträge erfüllt. Wenn du keinen Vertrag mit dem anderen hast, auf seelischer Ebene also nicht zugestimmt hast, seiner Entwicklung zu dienen, indem du dein eigenes äußeres Leben für eine Zeit zurückstellst, tust du es für gewöhnlich auch nicht, zumindest nicht lang.

In diesem Schritt beginnst du, eine gesunde Beziehung zu dir selbst aufzubauen. Dazu bitte ich dich: Nimm dir Zeit, deine Wünsche und Bedürfnisse ganz neu zu erkennen, gerade so, als hättest du dich verliebt und wolltest alles über den anderen wissen. Was macht dich glücklich? Was tut dir gut? Wie sieht deine ideale Wohnsituation aus? Welche Tätigkeiten erfüllen dich, und was machst du nicht so gern? Welche Kleidung liebst du? Was ist dein Lieblingsessen, und was brauchst du, um dich entspannen zu können? Auf welche Weise schöpfst du am liebsten Kraft, und welche Bedürfnisse sollten endlich erfüllt werden? Was kannst du für dich selbst tun, wie möchtest du die Beziehung zu dir selbst von nun an jeden Tag festigen? Was hat dich schon immer mal interessiert, welche inneren Bereiche möchtest du ganz neu kennenlernen oder überhaupt erst entdecken?

Nimm dir bei allem, was du tust, Zeit, zu erleben, wie du dich dabei fühlst und ob du es magst oder nicht. Stelle dir vor, du selbst wärst ein Mensch, den du nicht kennst (das brauchst du dir wahrscheinlich nicht mal vorzustellen, weil es sogar stimmt), und schau ganz unvoreingenommen, was dieser Mensch mag und was er nicht mag. Es kann sein, dass du so lange fremdbestimmt gelebt hast, dass dir gar nicht bewusst ist, wie wenig du dich selbst kennst. So mache die Dinge nicht deshalb, weil du sie »schon immer so gemacht« hast, sondern erlaube dir, ganz neu zu beginnen und zu schauen, wie du sie am liebsten tun würdest, was dir wirklich guttut und was dir entspricht. Bewerte dich dabei nicht, sondern sei ganz offen, lerne dich wirklich neu kennen, und setze die Brille ab, durch die du dich bislang gesehen hast. Für deine Genesung ist es wesentlich, dass du eine gute Beziehung zu dir selbst hast, dass du dich selbst spürst, weißt, was du brauchst und dafür sorgst, dass du es bekommst, indem du es ernst nimmst und dann für die Erfüllung um Hilfe bittest. Was du brauchst, kann ganz anders sein als alles, was du bisher hattest, und es steht nicht zur Debatte. Du spürst, was dich erfüllt, und ich bitte dich, nimm es ernst, egal was andere dazu sagen. Du bist das Licht, das durch dich auf die Erde kommen will, du bist die Fackel, und niemand außer dir selbst weiß, was du brauchst, damit dein Licht so schön, kraftvoll und strahlend wie nur möglich scheint. So lerne dich selbst kennen, und verpflichte dich, dafür zu sorgen, dass dieser so besondere Mensch, der du bist, von nun an ernst genommen wird. Besteh darauf, dass deine Wünsche wichtig sind und eine Berechtigung haben. Woher weißt du, dass deine Wünsche nicht genau jenes Licht enthalten oder ermöglichen, das durch dich auf die Erde kommen will? Du brauchst keine Erlaubnis, gut für dich zu sorgen, diesen Auftrag hast du längst erhalten. Er stand niemals infrage.

Ich gebe dir hier eine Meditation, mit der du Altes loslassen und wiedergutmachen, aber auch hinter dir lassen kannst:

Die Brücke in die neue Energie

Mache es dir bitte bequem, und atme ein paar Mal tief durch. Sicher wirst du schon beim Lesen spüren, was mit dir passiert. Vielleicht magst du immer wieder ein Stück lesen und den Prozess dann in dir nachvollziehen.

Stelle dir bitte eine Lichtsäule vor, nachdem du deine geistigen Führer und Lehrer, deine Schutzengel und alle, die deinen persönlichen Aufstiegsprozess führen, eingeladen hast. Diese Lichtsäule schwingt sehr hoch, vielleicht enthält sie besonders die weiche, mitfühlende Kraft der Venus oder die reinigende und klare, rubinrot-goldene Christusenergie, vielleicht ist sie auch weiß oder golden. Wie immer ist dieses Licht genau das, was du heute, in diesem Moment, brauchst, und du stellst dich erleichtert und aufseufzend hinein. Das Licht lässt alles aus dir herausströmen, was sich in den letzten Monaten, Jahren oder auch Inkarnationen in dir angesammelt hat. Alles Alte darf nun gehen und sich in Licht und Liebe auflösen. Bleibe so lange in der Licht-

säule, wie es dir angenehm ist, und dann sieh dich bitte um – vor dir liegt eine wunderschöne Landschaft, sie hat eine fast magische Kraft. Du spürst, hier wartet etwas sehr Besonderes auf dich, eine ganz besondere Erfahrung, eine wunderbare Möglichkeit.

Du gehst ein bisschen spazieren, und auf einmal wird dir bewusst, in welchen Bereichen deines Lebens du dich noch verhaftet fühlst, noch immer der alten Energie folgst, den Gefühlen von Mangel und Angst dienst, selbst wenn es nur noch ein Hauch ist. Du weißt nicht, wie du das ändern kannst, aber dir wird sehr bewusst, dass es nicht mehr in dein Leben passt. Auf einmal erkennst du in der Ferne ein Licht, es leuchtet, es strahlt, Leichtigkeit durchströmt dich, und du spürst, hier geht dein Weg weiter. Du gehst auf dieses Leuchten zu und bemerkst, dass du am Fuße einer Regenbogenbrücke stehst, der Brücke, die dich in die Energie der neuen Erde hinüberführt. Und auf einmal spürst du eine sehr liebevolle, nährende Präsenz – Gaia steht vor dir. Sie ist wunderschön, ganz jung, wie neugeboren, sie leuchtet und strahlt von innen heraus, und du wirst erfüllt von ihrem Mitgefühl und ihrer Liebe.

»Ich danke dir, dass du mich so sehr liebst, dass du all die Erfahrungen der Dichte und Schwere auf dich genommen hast«, sagt sie, »ich danke dir, dass du mit mir zusammen in die Dritte Dimension hinabgesunken bist, um auch diesen Teil der Schöpfung zu erfahren, doch nun wird es Zeit, etwas Neues auszuprobieren. Ich danke dir, dass du es so lange ausgehalten hast, bis ich meinen Quantensprung vollziehen konnte, und ich nähre dich mit meiner Liebe und

meinem Mitgefühl für deinen Weg, genau wie du mich mit deinem Licht nährst.«

Du spürst, wie warme, mütterliche und tröstende Kraft in dich einströmt und dich ganz erfüllt. Gaia berührt dein Herz. »Folge mir«, scheint sie dir zuzurufen, und du erkennst ein Funkeln am anderen Ende des Regenbogens. Er führt über einen tiefen Abgrund, aber die Brücke ist derart licht und leicht, dass du sie nicht einfach so betreten kannst. Sie besteht eher aus Licht und kristalliner Energie als aus fester Materie, und du erkennst möglicherweise, dass du zu schwer bist, um diese Brücke zu überqueren. Doch du spürst auch, dass du hier vor deinem nächsten Schritt bist.

Nun erscheint ein hoher, machtvoller Engel oder ein anderes geistiges Wesen, vielleicht gar Saturn, der Hüter der Schwelle. Ehrfurcht gebietend steht er vor dir und bittet dich, ihm nun alles zu geben, was dich noch schwer sein lässt und dich in der alten Energie festhält.

Du öffnest dich ganz und gar und erlaubst ihm, alles aus dir herauszunehmen, was dich daran hindert, über diese Regenbogenbrücke zu gehen, denn du spürst, es ist Zeit, und es ist dein sehnlichster Wunsch, in Liebe und Leichtigkeit zu leben. Vielleicht trägst du die alte Energie noch wie einen Schutzschild vor dir her, vielleicht wie scharfkantige Kristalle oder Steine in deinem Inneren, vielleicht wie eine alte Rüstung oder einen Mantel – welche Symbole auch immer auftauchen, erlaub ihm, dich zu befreien.

Öffne dich nun also mehr und mehr, und erlaube dem Hüter der Schwelle, dich zu erlösen – von allem, was dich je verletzt hat, von allen Zweifeln, allen Enttäuschungen, jedem Betrug, von allen Erfahrungen enttäuschter und zurückgewiesener Liebe, von den Zurückweisungen deiner Gaben, deiner Talente, deiner Angebote an das Leben, von den Erfahrungen von Trennung, Verlust und Tod.

Der Hüter der Schwelle erlöst dich von allem, was noch schwer ist, er zieht es sanft aus dir heraus, das spürst du vielleicht körperlich oder emotional. Er nimmt dein verletztes Herz aus dir heraus und reinigt es, und dieser Prozess dauert so lange, bis du spürst, dass du leicht genug bist, um über die Regenbogenbrücke zu tanzen.

Und das geschieht jetzt. Auf einmal spürst du, dass du über die Regenbogenbrücke in die neue Energie gezogen wirst, vielleicht tanzt du auch hinüber, oder du fliegst sogar. Du spürst die Leichtigkeit, die Freude, die Liebe, und du spürst, dass du wirklich alles hinter dir gelassen, alles abgelegt hast, nun wahrhaftig frei dafür bist, ein ganz neues Leben zu beginnen. Irgendwann spürst du, dass du ankommst. Der Boden unter deinen Füßen ist wieder fester, und du beginnst, dich geerdet zu fühlen. Und nun begrüßt dich Gaia, eine junge, strahlend schöne Gaia, die Hüterin der neuen Erde. Sie begrüßt dich in ihrer neuen Existenz und durchströmt dich mit ihrer Liebe. Sie schenkt dir ein neues Herz und setzt es dir ein, und nun erlebst du ein Wunder: Du kannst Liebe, Licht und Freude, neue Energie einatmen, durch dein Herz hindurchleiten und über die Brücke in die alte Energie hinein-

strömen lassen, hinein in alle Angelegenheiten, die noch nicht erlöst und frei sind. Du bleibst fest mit beiden Füßen in der neuen Energie stehen, lebst auf der neuen Erde und schickst von hier aus diese neue Kraft in dein Leben, in die Bereiche, in denen es noch ein bisschen leichter werden darf. Das kannst du selbstverständlich auch für das Kollektiv tun. Du brauchst diese neue Energie nie wieder zu verlassen, du bist fest und sicher in der neuen Kraft verankert und atmest die Liebe hinüber, dann erlösen sich deine Lebensumstände ganz wie von selbst.

Du gehst nicht mehr in die Situation hinein und erlöst sie von innen, sondern du bleibst in der neuen Energie verankert und atmest von hier aus deine Liebe und die neue Leichtigkeit in alle Bereiche deines Lebens, die noch der Erlösung bedürfen, die noch leichter und lichter fließen dürfen. Gaia durchflutet dich mit ihrer Liebe und Freude, du spürst, sie ist wirklich neugeboren, sie tanzt wie ein glückliches junges Mädchen in der neuen Energie und durchstrahlt dich mit ihrer Leichtigkeit. Atme sie ein, und schick sie beim Ausatmen in die Situationen deines Lebens, die noch lichter werden dürfen, bleib aber in dieser goldenen neuen Energie – spürst du den Unterschied?

Vielleicht hilft dir auch die folgende geistige Übung:

Bitte darum, die Situation, in der du dich co-abhängig oder nicht im Sinne deiner Höheren Macht verhalten hast, noch einmal vor deinem inneren Auge zu erleben. Stelle sie dir vor, sieh dich selbst agieren oder reagieren, höre dir zu, und nimm deine Gefühle wahr. Nimm auch deine Not wahr, das, was dich zu deiner unangemessenen Reaktion geführt hat, und bitte deine Höhere Macht darum, bei dir zu sein. Und dann gehe bitte mit in die Situation hinein, so, wie du jetzt gerade dasitzt und das Buch in der Hand hältst. Gehe mit hinein, nimm dich selbst in den Arm, sage dir, dass du von nun an für dich selbst da bist, und handle und reagiere bitte anders. Tue, was sich richtig und stimmig anfühlt, gib dem anderen, was du ihm wirklich geben willst, grenze dich energisch ab, wenn es nötig ist, oder zeige Verständnis, je nachdem, um welche Situation es sich handelt. Sieh dich selbst Geld zurückzahlen, oder nimm es erst gar nicht an, sieh dich um Verzeihung bitten oder dich gleich richtig handeln, sodass eine Bitte um Vergebung gar nicht nötig ist. Sieh dich alles wiedergutmachen, indem du erst gar nicht neben deine Spur trittst, sondern dich jetzt, in Gedanken, so handeln siehst, wie es deine Höhere Macht für richtig hält.

Wenn du weißt, dass du nicht anders handeln kannst, dem anderen damit aber wirklich ein schwieriges Schicksal zumutest (zum Beispiel, weil du ihn verlassen musst, in eine andere Stadt gehst, den Job wechselst, eine andere Lebensplanung hast, nicht mehr auf die Weise für ihn da sein kannst, wie er das gern hätte), dann verneige dich bitte innerlich vor ihm, sage ihm, dass du seine Last siehst und dass du sein Schicksal achtest. Übernimm die Verantwortung für das, was du ihm zumutest und was du tust, aber nicht dafür, wie er sich fühlt und damit umgeht. Dafür kannst du nichts. Du bist verantwortlich für das, was du tust und für das, was du dem anderen zumutest, aber nicht dafür, wie er damit umgeht. Das ist ein himmelweiter Unterschied.

Leicht gesagt, oder? Was aber tust du, wenn dir jemand droht, sich (oder gar dich) umzubringen, wenn du gehst? Was machst du, wenn dich jemand emotional erpresst und dich damit voll im Griff hat? Der wunderbare Satz »Ich stehe nicht mehr zur Verfügung« hilft hier zunächst nicht viel, meinst du vielleicht. Aber das stimmt nicht. Ich weiß, es IST leicht gesagt und sehr schwer umzusetzen. Aber wenn du nach und nach jede Opferbereitschaft aus dir selbst herausnehmen lässt, wenn du dich immer wieder mit deiner Höheren Macht verbindest und voll und ganz bereit wirst, die Verantwortung für alles, was du in dein Leben gezogen hast, in jeder Hinsicht zu übernehmen, wenn du erkennst, wozu die völlige Ohnmacht in deinem Leben dient, und wenn du bereit wirst, dieses System energetisch zu verlassen, dann kann das Leben gar nicht anders, als nachzuziehen. Du bekommst die Gelegenheiten, auszusteigen, wenn du innerlich wirklich bereit bist, wenn du den Mut findest und wenn du die unselige Opferbereitschaft aufgibst. Ich bitte dich inständig, SUCHE dir Hilfe, wenn du in einer solchen Situation steckst. Ich kann von hier aus nichts für dich tun, dir nicht aus einer wirklich gefährlichen Situation heraushelfen, aber ich kann dir Mut zusprechen. Ich bitte dich, fasse den Mut, dich an Menschen und Einrichtungen zu wenden, die das können, sei es ein Frauenhaus, ein Therapeut oder auch die Polizei, wenn es nötig ist. Finde den Weg aus deinem eigenen Opfersystem heraus, gehe in die Gruppen, lasse dich beraten, tue alles, was nötig ist, um in ein System der Selbstverantwortung zu wechseln, du kannst das schaffen. Du bist die- oder derjenige, die oder der Schutz braucht, nicht der andere. Bitte sorge von nun an gut für dich.

Über eines haben wir bislang noch nicht gesprochen: Was machst du, wenn du deinen Ärger nicht gezeigt hast, wenn du zu verständnisvoll warst, dich nicht gewehrt hast? Es wird Zeit, auch deine zu netten, weil co-abhängigen, Reaktionen richtigzustellen. Wenn die Situation im Außen zu unsicher ist, wenn du dich also tunlich von der betreffenden Person fernhältst, dann gehe bitte innerlich noch einmal in die Situation hinein, sieh dich selbst da stehen, und betritt nun die Szene, so, wie du im Moment dasitzt und das Buch hältst, mit all dem Wissen, das du genau jetzt hast. Gehe hin, nimm dich wieder selbst in den Arm, sage deinem jüngeren Selbst, dass du die Dinge jetzt regelst, und dann stelle dich deinem Gegenüber, so, wie ich es dir in der Übung weiter vorne gezeigt habe. Sage ihm, was du zu sagen hast, zeige ihm deine Wut, deinen Ärger, oder sage endlich Nein, leihe ihm kein Geld, und mache keine gute Miene zum bösen Spiel. Grenze dich ab, und verhalte dich so, als wärst du stark und selbstsicher, als wärst du in der Lage, dich zu verteidigen und zu dir zu stehen. Hole um Himmels willen dein Inneres Kind da raus, falls das Kleine gebannt dasteht oder geschockt in der Situation gefangen ist. Gehe hin zu dem Kind, nimm es in den Arm, und sage ihm, dass es da nichts zu suchen hat, dass du jetzt da bist und dich kümmerst.

Sage ihm bitte, dass es bei dir in Sicherheit ist, und achte von nun an darauf, dass du es, wenn du in emotional angespannte oder gefährliche Situationen gerätst, an einem sicheren Ort bringst.[8]

So zu tun als ob, ist ein wichtiges Werkzeug, denn auch wenn du eigentlich »noch nicht soweit« bist, trainierst du dir damit selbst neue Verhaltensweisen an. Dein Gehirn verlernt das co-abhängige Muster, und du zeigst ihm neue Vernetzungsmöglichkeiten, du erweiterst deinen Handlungsspielraum, indem du dich gesünder und klarer verhältst, als du es bis jetzt von dir aus konntest. Das mag dir aufgesetzt vorkommen, als würdest du dich selbst hinters Licht führen, und auf eine gewisse Weise stimmt das auch. Du führst den süchtigen Teil hinters (oder ins?) Licht, indem du aus dem gesunden Anteil heraus agierst, selbst wenn dir das völlig fremd ist.

Wenn du dich traust und die Situation sicher ist, dann schreibe einen Brief, führ ein Telefonat, oder fasse Mut, und gehe hin zu der Person, die endlich wissen sollte, wie du dich wirklich fühlst. Es geht nicht darum, nun einen Streit anzufangen. Aber es wird Zeit, die Dinge klarzustellen und zu zeigen, welche Energien tatsächlich wirksam sind. Erstens klärt das dein eigenes Feld, und zweitens bewegt es vielleicht auch beim anderen etwas – wobei das nicht deine Absicht ist. Wenn beim anderen als Nebenprodukt deiner eigenen

8 Mehr dazu in meinem Buch *Die Heilung des Inneren Kindes. Sieben Schritte zur Befreiung des Selbst*, Darmstadt 2007, oder auf der CD *Die Heilung des Inneren Kindes: Die Meditationen*. Darmstadt 2009.

Klarheit der ein oder andere Groschen fällt, wunderbar. Aber darum geht es nicht in erster Linie, es geht hier nur um deine eigene Genesung.

Hier ist eine Meditation, mit der du anderen die Lasten, die du für sie trägst, in aller Liebe und Achtsamkeit zurückgeben kannst.[9]

Die Lasten zurückgeben

Mache es dir bitte bequem, schließe deine Augen, und erlaube dir, einmal ganz deutlich und bewusst zu spüren, was du alles mit dir herumträgst, ganz körperlich. Das fühlt sich sicher nicht gut an, aber, ich bitte dich, tue es dennoch, damit es dir klar wird. Atme also ein paar Mal tief durch, und erlaube deinem Körper, deinen Gefühlen und deinen Gedanken, dir zu zeigen, was sie für andere tragen. Es kann sein, dass du nun körperliche Symptome bekommst, Kopfschmerzen oder einen Druck im Bauch, vielleicht kannst du auf einmal nicht mehr richtig atmen, oder du würdest am liebsten weinen. Das alles trägst du für andere. Du tust es aus Liebe und weil du hoffst, dass andere es dadurch ein wenig leichter haben, und das ist wundervoll, danke für deinen Dienst. Es gibt aber eine bessere Art, mit den Schwierigkeiten anderer umzugehen. So stelle dir nun bitte eine Lichtsäule vor, die warm ist und in der du dich geborgen fühlst, eine Lichtsäule, die dich nährt und trägt. Stelle dich hinein, und fühle die Erleichterung,

9 Aus: Susanne Hühn: *Meditation, Entspannung, Konzentration für Jugendliche. Praktisches Anleitungsbuch für Eltern, Lehrer und Erzieher*. Darmstadt 2009.

wenn das Licht durch all deine Zellen fließt und dir die Lasten ein wenig abnimmt. Falls du weißt, für wen du all diese Lasten mit dir herumträgst, bitte ich dich, diesen Menschen nun vor deinem geistigen Auge zu sehen. Spüre noch einmal ganz deutlich, wie schwer sich diese Lasten anfühlen und vielleicht sogar, wo im Körper du sie aufbewahrst. Sieh diesen Menschen vor dir, und spüre deine Liebe zu ihm, auch deine Hilflosigkeit bezüglich dessen, was er durchmachen muss. Vielleicht spürst du gar keine Liebe, sondern Ärger und Abwehr. Das macht nichts. Hättest du nicht ganz viel Mitgefühl mit ihm, würdest du diese Lasten ja gar nicht für ihn tragen. Und nun, wenn der Mensch vor dir steht, bitte seinen Schutzengel mit dazu. Egal ob du an Schutzengel glaubst oder nicht, tue bitte einfach mal so, als gäbe es einen. Bitte also den Schutzengel dazu, und schaue ihn an, wenn dir das möglich ist.

Sage ihm bitte Folgendes: »Ich trage die Lasten meiner Mutter (oder meines Vaters oder für wen du sie eben trägst), und ich tue es gern und mit Liebe. Aber jetzt gebe ich sie dir, damit du sie in Leichtigkeit und Liebe verwandelst.«

Verstehst du, du gibst sie natürlich nicht deiner Mutter zurück, denn sonst bist du kein Stück weitergekommen. Wenn du sie aber dem Schutzengel der betreffenden Person gibst, dann kann dieser dafür sorgen, dass die Last verschwindet oder dass sie sich so ändert, wie es eben für den anderen wichtig und sinnvoll ist. Wahrscheinlich muss der, für den du die Schwere trägst, etwas lernen und braucht diese

Lasten, um das zu verstehen. Wenn du sie dem Schutzengel gibst, dann wird er die Schwere genau so, wie es für den Menschen sinnvoll und hilfreich ist, auflösen oder noch ein wenig wirken lassen, bis der Mensch gelernt hat, was er lernen wollte.

Probiere das bitte mit jeder Last, die du für andere trägst, besonders mit all dem Schmerz, den du für die Welt und für die Tiere trägst. Bitte all die Schutzengel der Menschen, der Tiere und am besten die Engel der Erde selbst, diese Lasten von dir zu nehmen und sie in Liebe und Leichtigkeit zu verwandeln, besser noch in Bewusstsein und Erkenntnis. Damit leistest du einen riesig großen Beitrag für das gesamte Bewusstsein der Menschheit, und du kannst dies jederzeit und immer anwenden. Vergiss diese Übung bitte nicht, du kannst sie dein ganzes Leben lang immer wieder brauchen, im Großen wie im Kleinen, immer dann, wenn du Leid siehst. Bitte sofort den Schutzengel der anderen Person, der Tiere oder des Landes, dieses Leid zu verwandeln und in die Hände Gottes zu legen. Schicke Segen hinterher, einfach indem du aus deinem Herzen heraus einen Lichtstrahl hinschickst. Mehr brauchst du nicht zu tun. Falls es etwas Konkretes im Außen zu erledigen gibt, falls du wirklich auch körperlich helfen kannst, dann wirst du es spüren. Die geistige Hilfe, die du gibst, ist ein riesig großer Schatz, und nur weil du vielleicht das Gefühl hast, dass du doch gar nichts tust, so lässt du doch Liebe und Licht in den anderen einfließen. Von da aus kann er selbst weitergehen und wird wachsen und freier werden.

Schritt 10

Erkenne, wenn du wieder in alte Handlungsweisen verfällst, und leg sie ab.

Setze bitte die Inventur von Schritt 4 fort. Wenn du aus alten Mustern heraus handelst, gib es zu, und höre auf damit.

Willkommen in der Gegenwart. Jetzt geht es darum, alles, was du bisher gelernt hast, im alltäglichen Leben umzusetzen. Immer? Ja, immer. Denn wenn du es nicht tust, dann lernst du die neuen Verhaltensweisen nicht, dann ist es, als würdest du ab und zu ein bisschen Dope nehmen, das geht nicht. Entweder ... oder. Also ja, immer. Aber, und das ist die gute Nachricht, nur für heute. Um Morgen brauchst du dich nicht zu kümmern. Viele Süchtige sehen ihr Leben vor sich wie einen riesigen Berg, den sie erklimmen müssen, und scheitern schon beim Gedanken daran. Das ist mehr als verständlich. Du brauchst nur den Weg zu gehen, den dir das Leben heute vor die Füße legt, und darfst auf diesem kurzen Stück üben, nur für heute deine Wahrheit zu sagen, nach ihr zu handeln und dich selbst ernst zu nehmen.

Was passiert, wenn du nur für heute nicht co-abhängig handelst, sondern bei jedem Schritt mit deiner Höheren Macht kommunizierst? Erstens: Dieses neblige, schwammige innere Gefühl hört auf, du spürst dich selbst klar und deutlich und fühlst dich leichter und freier. Die Last hebt sich von deinen Schultern.

Zweitens: Du bekommst wahrscheinlich einen Schreck, wenn du erkennst, auf wie viele verschiedene Weisen du dich in beziehungssüchtige Muster verstrickt hast. Erst jetzt erkennst du, wie sehr dein Leben, dein Alltag von deiner Sucht nach Beziehungen verklebt ist. Das kann ziemlich erschreckend sein. Aber du darfst damit aufhören und in eine ungeahnte innere Klarheit kommen, auch wenn du es dir vielleicht noch gar nicht vorstellen kannst.

Äußerst hilfreich ist die Frage »Will ich das?«, die du dir bei allem, was du tust, stellst. Wenn du es selbst beeinflussen kannst, dann handle so, wie du es selbst willst, wenn nicht, dann bitte deine Höhere Macht um Hilfe.

Jetzt wirst du ganz deutlich spüren, wie oft du die Initiative ergreifst, wenn eine energetische Leere droht (du hilfst oder tust etwas für jemanden, nur um nicht aushalten zu müssen, dass gerade keine oder nur wenig Energie zwischen euch fließt), du spürst jetzt, wie abhängig du davon bist, dass es einen für dich deutlich fühlbaren unablässigen Fluss zwischen dir und dem anderen gibt, und was du alles tust, damit dieser Fluss nicht unterbrochen wird. Sicher erwischst du dich hundertmal am Tag dabei, wie du den Fluss zwischen dir und einem anderen Menschen zu kontrollieren versuchst, damit er sich für dich gut anfühlt. Auch deinem Partner einen Tee an den Schreibtisch zu bringen, oder etwas anderes für ihn zu tun, kann bereits Manipulation sein, wenn du damit seine Aufmerksamkeit und Dankbarkeit auf dich ziehen willst, anstatt die Leere auszuhalten, die deshalb entsteht, weil er gerade anderweitig beschäftigt ist. Du verstehst das Prinzip. Natürlich bringst du anderen Leuten so oft Tee, wie es sich für dich gut anfühlt, wir müssen ja nun nicht in den Krümeln suchen. Aber bewusst sein sollte dir schon, dass DU möglicherweise gerade etwas brauchst, nicht der andere. Es ist immer sehr hilfreich, zu wissen, was dich wirklich erfüllt und glücklich macht, etwas, was du unabhängig von anderen tun kannst und was möglichst nichts mit Drogen oder zu viel von irgendetwas zu tun hat.

Es ist so wichtig, zu verstehen, dass wir bei allem, was wir aus co-abhängigen Gründen tun, süchtig nach der Energie des anderen sind, nach seinem Lob, seiner Liebe, seiner Anerkennung oder zumindest seiner Aufmerksamkeit. Wenn wir mit dem süchtigen Verhalten aufhören, dann fallen wir am Tag x-mal in eine innere Leere. Was tun wir dann? Wie halten wir es aus, in diese Dunkelheit zu geraten, in die Angst, allein zu sein, verlassen zu werden, in die Angst des Inneren Kindes, aber auch in die Tiefen der menschlichen Existenzängste? Wie können wir gut für uns sorgen, wenn wir in all jene Ängste hinabstürzen, die wir zu vermeiden versucht haben? Natürlich beschäftigen wir uns mit dem Inneren Kind, holen uns Hilfe, retten uns selbst aus diesen Situationen. Und doch bleibt diese Leere, die uns immer wieder überfallen kann, wenn wir abstinent werden und bei uns selbst bleiben.

Von co-abhängigem Verhalten abstinent zu werden, ist mit das

Schwerste, das wir für uns selbst tun können, und es kann sein, dass wir immer wieder scheitern. Deshalb brauchen wir es nur für heute zu können, manchmal nur für diese eine Sekunde. Und wenn wir scheitern, dann fangen wir wieder von vorn an und bitten um Hilfe, bitten unsere Höhere Macht, uns genau hier in dieser Leere, in diesem Suchtdruck (der sich wirklich furchtbar anfühlen kann, aber ich verspreche dir, er wird immer geringer, und er wird verschwinden!) mit lebensrettender Energie zu versorgen. Wir stellen zum Beispiel keine bohrenden, den anderen in die Enge treibenden Fragen mehr, wenn wir abstinent werden, sondern halten die innere Leere und Unsicherheit aus, indem wir uns statt von der Energie des anderen von lichtvollen Kräften erfüllen lassen – und wir vertrauen auf unser Herz! Gleichzeitig bestehen wir auf Klarheit. Haben wir früher nicht gefragt, weil wir Angst vor der Antwort hatten, zeigen wir nun unser Unbehagen und haken nach.

Es gibt einen unbestechlichen inneren Anzeiger, der uns die herrschenden Energien ungefiltert zeigt. Wir spüren, ob der andere uns liebt oder nicht, und wir wissen auch, ob eine Beziehung, egal welcher Art sie ist, dienlich und gesund ist oder nicht. So verletzt wir uns als Co-Abhängige oft fühlen, so empfindsam sind wir aber auch für die tatsächlich wirkenden Energien. Anstatt nun also verletzt, beleidigt oder kontrollierend zu sein, wenn uns der andere nicht so behandelt, wie wir das gern hätten, schauen wir genau hin und spüren, was wirklich passiert. Ist unsere Reaktion (nicht nur die Handlung, sondern auch das Gefühl) angemessen? Oder folgt sie einem alten Muster? Wir dürfen den Kampf um Liebe beenden und den Mut fassen, abzuwarten, was übrig bleibt, wenn wir einmal nichts dazu beitragen. Wie viel Energie wendet der andere für die Beziehung zu uns auf? Was geschieht, wenn wir einfach mal nur die eine, nämlich unsere Hälfte des Weges, den wir und der andere aufeinander zugehen, zurücklegen, das fehlende Stück also nicht ausgleichen? Wie halten wir es aus, zu erkennen, dass die Beziehung, die Freundschaft, das Arbeitsverhältnis in Wahrheit sehr einseitig ist und sich fast ausschließlich von unserer Energie ernährt? Und wie erkennen wir echten Mangel, wie unterscheiden wir zwischen eingebildeten und echten Lieblosigkeiten? Gerade weil wir alles auf uns beziehen, selbst wenn es mit uns überhaupt nichts zu tun hat, ist es so schwierig, einen klaren Blick zu behalten, um gesund reagieren zu können. Die Freundin hat, obwohl es uns gerade schlecht geht, keine Zeit zu einem Plausch am Telefon, weil sie ihre Buchhaltung machen muss? Beziehen wir das auf uns? »Wenn ich ihr wirklich wichtig wäre, …« und so weiter? Nun, vielleicht muss sie tatsächlich einfach ihre Buchhaltung machen, und es hat mit ihrem Verhältnis zu uns gar nichts zu tun. Sie weist uns nicht zurück, sie hat nur einfach keine Zeit, das ist ein immenser Unterschied. Nicht für unser Inneres Kind, aber für unsere Freundschaft. Und ja, es ist o.k., dass ihre Zahlen wichtiger sind als unsere Gefühle, zumindest ab und zu. Schließlich ist sie für ihre Zahlen verantwortlich, im Gegensatz zu unseren Gefühlen. Für die sind wir selbst zuständig.

Noch einmal: Wie gehen wir damit um? Zunächst erlauben wir uns, uns schlecht zu fühlen. Hätten wir nicht diese innere Leere, wären wir ja nicht co-abhängig. Und wenn wir unsere Droge weglassen, fallen wir natürlich in ein riesiges Loch.

Und nun wird es gefährlich, denn nun beginnt der sogenannte Suchtdruck, der uns zur Umkehr bewegen will. Weißt du, wie deine Co-Abhängigkeit nun versucht, dich doch zum Anruf zu bewegen? Wie die Sucht also für sich selbst sorgt? Mit Schuldgefühlen. Auf einmal überkommt dich ein so großes Schuldgefühl, dass du gar nicht anders kannst, als den anderen doch anzurufen, doch für ihn zu sorgen, doch irgendetwas zu tun, um die Beziehung zwischen euch wieder ins Fließen zu bringen – um Energie von ihm zu bekommen, wenn wir mal ganz ehrlich sind, also um seinen Energiefluss zu dir wieder herzustellen. Verstehst du jetzt, wie wichtig Schritt 8 und 9 sind? Denn jetzt kannst du unterscheiden, ob du dem anderen wirklich etwas schuldig bist oder ob dich nur ein besonders hinterhältiges Gefühl zurück in die Co-Abhängigkeit treiben will. Schuldgefühle sind für Co-Abhängige das, was für einen Alkoholiker das Zittern des Entzuges ist, dieser unbändige, tosende, alles mit sich reißende Suchtdruck. Und genauso fühlen sich Suchtdruck-Schuldgefühle an, du kannst ihnen kaum standhalten. Tu es dennoch. Es ist ein Überlebenstrick deines süchtigen Systems, das nun in Entzug gerät und dich zum »Saufen« verleiten will, und natürlich ist es schlau, es verführt dich mit Gedanken, mit Gefühlen, sogar mit körperlichen Schmerzen. Die Sucht sorgt für sich selbst, dein schreiender Emotionalkörper will Liebe, Anerkennung, einfach Energie.

Reden wir über Energieströme. Es gibt auch in Beziehungen vordergründige und tiefer wirkende Energien. Es kann sein, dass eine Beziehung vordergründig ausgewogen aussieht, in der Tiefe aber sehr einseitig ist und von deinem Einsatz lebt. Dein Herz weiß das, denn du hast ein untrügliches Gespür für Wahrheiten. Dein Emotionalkörper aber reagiert, wenn du süchtig bist, auf »Fast-Food«, also auf schnell verfügbare und grelle Energien, auf das, was an der Oberfläche passiert. Es kann sehr wohl sein, dass dich jemand im Moment zu ignorieren scheint (weil er anderweitig beschäftigt ist und dir mit seiner Energie gerade nicht zur Verfügung steht) und dein Emotionalkörper keine Nahrung bekommt. In der Tiefe aber spürst du die Wärme, die goldene Verbundenheit, die Liebe. Andersherum kann es sein, dass dein Emotionalkörper immer wieder aufgepumpt wird, immer wieder Nahrung erhält – in Form von Schmeicheleien, Hilferufen, Liebesbeteuerungen. »Ich brauche dich doch so«, »Was würde ich denn nur ohne dich machen«, »Das kannst du mir nicht antun ... Die vordergründigen Energien sind seltsam schal und leer, machen uns deshalb süchtig, weil sie uns, wie Zuckerwatte, nicht nähren. Das Vollwertbrot, das uns in der Seele nährt, schreit nicht so herum, sondern ist einfach da und gibt und Kraft und Halt. Diese Energie ist nicht so spektakulär und marktschreierisch, pumpt den Emotionalkörper nicht auf, sondern berührt das Herz. Davon wirst du nicht süchtig, sondern satt – wenn du es überhaupt bemerkst.

Sind wir süchtig, bemerken wir in erster Linie die schnell verfügbaren Energien, das, was vordergründig geschieht – und übersehen oft das, was uns wahrhaft guttut. Schmerz, Sehnsucht, der Eindruck des Gebrauchtwerdens und Bewunderung sind vordergründige Gefühle, die den Emotionalkörper aufputschen. Deshalb machen sie uns so süchtig. Liebe, wirkliche Liebe hingegen, echte Fürsorge, ist stiller, ruhiger, reifer und weniger spektakulär. Deshalb bemerkt unser aufgeheiztes System diese Energien gar nicht. Jedes co-abhängige Verhalten nährt die Suchtschleife und erinnert unser Gehirn daran, beim nächsten Mangel unbedingt wieder mit Schuldgefühlen zu reagieren – denn es funktioniert ja. Kaum kommt der Suchtdruck – und der ist bei dieser Sucht besonders perfide, weil er nicht leicht als solcher zu erkennen ist, sondern echte Schuld und Mitgefühl mit dem anderen vorgaukelt –, schon greifen wir zum Telefon oder sagen zähneknirschend wieder einmal Ja. Wir vergeben zum zehnten Mal, dass uns der andere das geliehene Geld schon wieder nicht zurückgegeben hat, hören uns die gleiche Geschichte wieder und wieder an, stellen unser Auto zur Verfügung, unsere Dusche, unser Herz, unser Leben. Wir entschuldigen uns zu oft, gerade so, als müssten wir uns schämen, überhaupt auf der Erde zu sein und Wünsche zu haben. Wir lassen uns herabwürdigen, erlauben anderen, uns zu kontrollieren und kontrollieren sie dadurch.

»Das kann ich doch nicht machen«, denkst du erschrocken, wenn dir klar wird, dass du am liebsten den Raum verlassen würdest.

Nun, manchmal schon. Egal ob der andere es versteht oder nicht. Nein, das ist kein Aufruf zu egoistischem oder unhöflichem Verhalten. Es ist weitaus mehr – ein Aufruf, dich massiv zu schützen, der Höhle des Löwen zu entfliehen, in die du so bereitwillig hineinspaziert bist, und diesem unerträglichen Verhalten ein für alle Mal einen Riegel vorzuschieben. Wie du das machst, ob du es in einer Familienaufstellung löst, eine Rückführung machst, um vom Karma befreit zu werden, schamanische Reisen unternimmst, eine Psychotherapie machst oder dir eine andere Heilmethode aussuchst, ist dabei völlig dir überlassen – aber am Ende musst du dieses Zimmer verlassen, zumindest das innere Zimmer, in dem diese Verletzungen geschehen. Denn so sehr du auf diese Suchtschleife trainiert bist – die gute Nachricht (und der wichtigste Satz dieses ganzen Buches) ist folgende(r):

Wenn du abstinent wirst
und dem Suchtdruck standhältst,
wird die Angst, die durch ihn ausgelöst wird,
von Mal zu Mal kleiner.

Das, was du so sehr befürchtest, jenes Gefühl, das so schlimm ist, dass du dich lieber misshandeln, ausbeuten und benutzen lässt, als es noch einmal spüren zu müssen, lässt nach und verliert sich mehr und mehr, wenn du aus dem Hamsterrad aussteigst. Die Panik hört auf, und du bekommst dein Leben zurück.

Dafür lohnt sich dieser ganze Weg, und nur so ergibt er überhaupt einen Sinn – du verlernst das süchtige Verhalten. Die Panik, die Leere, diese schwarze Einsamkeit gehören zum Glück dazu. Sie hören auf, wenn du sie nicht immer wieder aktivierst und bestätigst, verstehst du das? Sie hören tatsächlich auf. Nur deshalb mute ich dir überhaupt zu, diesen 12-Schritte-Weg zu gehen.

Schritt 10 also fordert dich dazu auf, ehrlich zu werden – zu sonst nichts. Deine Wahrheit und nur deine Wahrheit zu sagen, egal wie sie gerade aussieht. Die Verantwortung für das, was du bist und was du willst, zu übernehmen und dafür Sorge zu tragen, dass es dir gut geht und du klar und offen leben kannst. In der Sucht hast dafür gesorgt, dass du bekommst, was du vermeintlich brauchst. Heute aber, mit Schritt 10, gibst du zu, dass du nicht weißt, was du brauchst, und du erlaubst einer höheren Macht, für dein Wohlbefinden zu sorgen. Du überlässt dieser höheren Macht dein Leben, indem du wahrhaftig und aufrichtig bist und dich klar und ungeschminkt zeigst, egal wie du dich dabei fühlst. Ja, du bekommst Angst, verlassen zu werden, wenn du die Dinge in ihrem wahren Licht zeigst. Zum Glück stimmt es meistens nicht, du wirst nicht verlassen. Aber selbst falls das geschieht, hast du nun doch eine Beziehung zu dem einen hergestellt, der dich niemals verlassen wird, und damit wirst du nie wieder einsam sein – eine Beziehung zu dir selbst, zu deiner Höheren Macht, zu Gott.

Heißt das, wir sollen immer und überall unsere Wahrheit sagen, egal wen wir damit vor den Kopf stoßen? Selbst in der Firma, obwohl es dort geradezu institutionalisierte Riten gibt, die uns unseren Platz zuweisen? Das ist eine schwierig zu beantwortende Frage – und genau deshalb beantworten wir sie auch nicht pauschal. Genau deshalb brauchen wir unsere Höhere Macht, unser Krafttier, unseren Gott, eben das, was uns mit unserem höchsten Potenzial verbindet. Es ist also eine gute Idee, uns diese Beziehung näher anzuschauen und sie zu pflegen – denn diese innere Stimme kennt die Antwort, ganz individuell, so, wie es die Situation erfordert.

Wie gehen wir damit um, wenn wir uns verletzt fühlen, aber nicht sicher sind, ob uns der andere tatsächlich verletzt oder ob wir abhängig reagieren? Ob unsere Wut, unser Ärger, unser emotionaler Rückzug also angemessen sind oder nicht?

Co-Abhängige neigen dazu, jede Aktion und Reaktion eines anderen auf sich zu beziehen. Geht dein Partner (oder deine Partnerin) zum Beispiel nach der Arbeit noch einen Kaffee trinken, anstatt auf der Stelle nach Hause zu kommen, dann fühlst du dich im Stich gelassen und glaubst, er (oder sie) wäre lieber allein als mit dir zusammen. Nun, das mag für diese Stunde sogar zutreffen, aber deshalb verlässt er (oder sie) dich noch lange nicht. Ist deine Freundin nicht für dich da, obwohl du sie dringend brauchst, glaubst du, du wärst allein auf der Welt – auch hier fühlst du dich im Stich gelassen. Co-Abhängige fühlen sich eigentlich andauernd im Stich gelassen, verlassen oder hintergangen, das ist die Kehrseite der mitfühlenden und hilfsbereiten festsitzenden Maske, die sie tragen. Noch einmal: Wir SIND hilfsbereit und mitfühlend. Aber manchmal nutzen wir diese wundervollen Eigenschaften als Bindemittel, wir kontrollieren andere, mischen uns ein und machen sie abhängig. Wie also gehen wir mit dem Schmerz um, uns allein zu fühlen, verlassen, offensichtlich nicht wichtig für den anderen zu sein? Was bleibt von uns übrig, wenn wir einmal nicht für den anderen sorgen, wozu sollte er überhaupt unsere Nähe suchen, fragen wir uns. Was ist an uns liebenswert, wer sind wir, wenn wir nicht helfend eingreifen? Unser Wert für den anderen hängt unserer Ansicht nach in der Hauptsache davon ab, wie sehr er uns braucht, also machen wir uns unentbehrlich.

Du musst dich dieser ungeheuren Angst davor stellen, ein Nichts und Niemand zu sein, wenn du nicht als Helfer auftrittst. Auch wenn dann nichts mehr von dir übrig zu bleiben scheint. So erlaube dir, den Schmerz und die Angst zu spüren, und wenn sie noch so stark sind. Versuche einmal nichts, um den anderen zu halten. Lasse ihn wirklich los, und stelle dich der Leere in deinem Inneren. Gegenmaßnahmen einzuleiten, dem anderen zu zeigen, was er an dir hat und wie sehr er dich vermissen wird, sind nur Schattenkämpfe und nutzen gar nichts. Du wirst niemanden dazu bringen, dich zu lieben, indem du bewusst nicht verfügbar bist oder wieder einmal etwas für ihn tust. Das ist ein oft gespieltes Spiel zwischen Männern und Frauen, aber mehr als ein Spiel ist es eben auch nicht. Es hat nichts mit echter Unabhängigkeit und echter Selbstbestimmung zu tun – schon gar nichts mit Liebe.

Was also kannst du tun, jetzt, genau in dieser Sekunde, wenn dieser Schmerz kommt, wenn du anrufen willst, aus der Haut fahren könntest, weil der andere nicht verfügbar ist?

Erste Hilfe

Setze dich bitte hin, und spüre dich. Ja, das fühlt sich gerade furchtbar an, ich weiß. Ich kenne es nur zu gut. Spüre es dennoch, das bist auch du, genau hier flüchtest du normalerweise aus der Beziehung zu dir selbst. Setze dich zu dir selbst, und sei bei dir. Halte deine eigene Hand, gib dir Trost. Ja, du fühlst dich furchtbar, wie ein Nichts, du scheinst zu verschwinden und spürst dich selbst nicht mehr, wenn der andere dich nicht hält. Deine Energie sinkt dramatisch, all das kennst du schon – aber jetzt bleibst du für eine weitere Minute in diesem Zustand, du kannst das überleben, du brauchst den anderen nicht, um weiterzuleben, auch wenn du das glaubst. Halte die Schuldgefühle aus, noch eine Minute. Gib dir selbst Raum, dich zu spüren, auch und gerade in diesem Zustand, und jetzt bitte um Hilfe. Bitte deine Schutzengel, deine Höhere Kraft, deine Seele um Gnade, um Hilfe, um Schutz, um alles, was du gerade brauchst. Egal was du fühlst, rufe nicht an, sondern bleibe abstinent, springe nicht ein, um dem anderen zur Seite zu stehen, sondern halte den rasenden Schmerz, die tobenden Schuldgefühle in deinem Inneren noch ein wenig länger aus, atme ... Bleibe da, bleib bei dir sitzen, du bist nicht allein. Es wird gleich besser, der Schmerz kommt in Wellen, diese Welle kannst du reiten. Nein, der Schmerz fühlt sich nicht gut an, sondern furchtbar, aber du kannst die Situation nicht ändern, ohne deine Seele zu verkaufen. Hört sich das dramatisch an? Es ist dramatisch, und genau deshalb brauchst du Hilfe. Bete, rufe um Hilfe, nimm dir etwas zu schreiben, und schreibe auf, wie du dich fühlst, weine, tue, was zu tun ist – und rufe nicht an. Nutze auch kein anderes Suchtmittel, bitte. Halte deine eigene innere Leere aus, die Schuldgefühle, das ist der Suchtdruck, die Angst, von Gott und der Welt, vor allem aber von dir selbst verlassen zu werden. Mache eine Meditation für das Innere Kind, wenn du die Kraft hast. Wahrscheinlich aber kannst du nichts tun, als dazusitzen. Wunderbar, dass du wenigstens das Buch in der Hand hast, ich fühle mit dir, du spürst es sicher. Bleibe noch einen Moment bei dir. Gib der Angst Raum. Du kannst nichts machen, lasse die Versuche los, die Situation zu kontrollieren. Ich weiß, es ist wirklich schlimm. Bleibe dennoch da. Schließe die Augen, und bitte um Hilfe, lasse dich erfüllen vom warmen Strom der Liebe, der Fülle und der Geborgenheit. Alles, was du brauchst, steht dir in diesem Moment als Kraftstrahl zur Verfügung. Nutze, wenn du wieder einigermaßen klar denken kannst, deinen Kopf, deinen gesunden Menschenverstand, und bitte ihn um eine Einschätzung der Lage.

Deine Angst bedient sich gern der Stimme deines Verstandes. Du sagst dann: »Mein Kopf funkt dazwischen.« Doch das ist nicht dein Kopf, es ist die Angst. Dein Kopf, dein Verstand, ist ein wundervolles Werkzeug, das logisch denken kann und in der Lage ist, Situationen klar und ohne Emotionen zu beurteilen und einzuschätzen. Jetzt, wenn deine Emotionen abklingen und der erste Schock vorbei ist, kann du deinen Gehirnfrontallappen nutzen und die Situation überprüfen. Wichtig ist in diesem Zusammenhang die Amygdala[10] deines Gehirns. Die Amygdala ist eine sehr empfindliche Alarmanlage. Alles, was deine Sinne aufnehmen, wird von ihr genau geprüft, und wenn (auch nur scheinbares) Unheil droht, wird die Abwehr umgehend mobilisiert. Die Amygdala schätzt die Situation als lebensbedrohlich ein, weil du sie wahrscheinlich in der Kindheit so erlebt hast. Damals war das Verlassenwerden lebensbedrohlich. Das logische Denken kommt nach der emotionalen Einschätzung. Die Impulse laufen erst durch die Amygdala, wo sie emotional bewertet werden, dann schaltet sich der Verstand ein. Das kannst du nicht ändern, und es ergibt auch Sinn, denn dein Gehirn muss blitzschnell entscheiden, ob und wie du zu reagieren hast, um unversehrt zu bleiben.

Wenn du aber zum Telefon greifst, wenn du versuchst, die Situation zu retten, dann lernst du wieder und wieder das Gleiche: »Ich werde verlassen, wenn ich mich nicht kümmere oder anders auf mich aufmerksam mache!« Erlaubst du dem Schmerz und der Angst dagegen, zu toben, ohne sie zu kontrollieren, dann erlebt dein Gehirn eine neue Situation: Es geht vorbei, ohne dass du

10 Der Begriff kommt aus dem Griechischen und bedeutet schlicht »Mandelkern«. Diese Funktionseinheit im Gehirn erhielt ihren Namen, weil sie die Form von zwei symmetrisch angeordneten Mandelkernen hat.

handeln musst, die Gefühle ebben ab, du kannst die Situation überleben. Dadurch bekommt dein Gehirn eine neue Information, die Neuronen verschalten sich neu miteinander, und du lernst, diese Situationen anders zu meistern.

Du hast es überlebt, und du lernst, neue Wege für dich zu finden. Du kannst sehr stolz auf dich sein und darfst beginnen, dir selbst zu vertrauen.

Wie aber gehen wir damit um, wenn jemand in unserem Umfeld tatsächlich unsere Hilfe braucht oder sich so verhält, dass er ohne uns nicht lebensfähig zu sein scheint? Der Künstler, der uns das Geld aus der Tasche zieht, weil er vor lauter künstlerischem Ausdruck oder kreativer Pause nicht in der Lage, ist, seine Rechnungen zu bezahlen, unsere Mutter, die uns braucht, weil sie weder Auto fahren kann noch den Mut hat, allein zu irgendeiner Behörde zu gehen? Was tun wir, wenn wir diese Art von Hilflosigkeit in unserer nächsten Umgebung sehen und damit so sehr in Resonanz sind, dass wir nicht anders können, als Hilfe anzubieten, obwohl wir spüren, dass wir selbst dadurch den Boden unter den Füßen verlieren?

Zunächst gehen wir zurück zu Schritt 1: Wir erkennen, dass wir es nicht ändern können und in einer suchtauslösenden Situation gefangen sind. Und dann bitten wir um Hilfe. Wir legen diese Angelegenheit in Gottes Hände und bitten um Kraft, das tun zu können, was der göttlichen Ordnung entspricht. Wir bitten um die Kraft, uns so zu verhalten, wie unsere göttliche Kraft das für uns möchte, und ihr zu vertrauen. Es ist nicht unsere Aufgabe, alles zu richten, auch wenn wir das glauben. Auch dann nicht, wenn wir vermeintlich die Schlüssel in der Hand halten, die dem anderen die jeweilige Tür öffnen. Das stimmt nicht.

Wir brauchen also unbedingt einen guten, stabilen Kontakt zu unserer inneren und höheren Führung, damit wir sie auch in schwierigen Situationen hören, damit wir gerade dann, wenn es darauf ankommt, überhaupt daran denken, sie zu fragen.

Schritt 11

Lerne, mit deiner inneren Stimme in Kontakt zu kommen und auf sie zu hören.

Stärke deine Verbindung zu deiner Höheren Macht, lerne, mit ihr in Kontakt zu kommen und auf sie zu hören – und nur auf sie.

Es gibt für Co-Abhängige in jeder Situation eine einzige relevante Frage: »Stehe ich in meinem Kraftstrahl oder nicht?« Nur so kannst du unterscheiden, ob du in einer co-abhängigen Situation gefangen bist oder frei handeln kannst. Du erinnerst dich, Co-Abhängige neigen dazu, sich selbst so sehr zu verbiegen, dass sie ihre eigene Wahrheit nicht mehr spüren, sie können so viel Verständnis für die Situation anderer aufbringen, dass sie völlig vergessen, dass sie selbst auch eine Wahrheit haben. Du darfst lernen, beides gleichzeitig zu erleben: das Verständnis für den anderen und deine eigene Wahrheit. Um dich selbst zu spüren, musst du in deiner eigenen Kraft, in deinem Seelenstrahl stehen, in Kontakt mit deiner inneren Stimme, deinem Krafttier, deiner Höheren Macht sein – all jenen Kräften, die dir deine eigenen Bedürfnisse und Standpunkte vermitteln. Du hast keine Chance, mit co-abhängigem Verhalten aufzuhören, wenn du dich nicht an deine eigene Energie anschließt, denn irgendwie musst du ja versorgt sein, nicht wahr?

Was also liegt näher, als diese Verbindung zu pflegen, sie bewusst herzustellen und beizubehalten? Denn wenn du dich wieder in co-abhängiges Verhalten verstrickt hast, denkst du womöglich nicht daran, deine innere Führung um Hilfe zu bitten. Also fügst du diesen Kontakt ganz selbstverständlich in deinen Tagesablauf mit ein. Dann bist du sowieso angeschlossen und brauchst das innere Telefon nicht erst mühsam hervorzukramen oder verzweifelt zu suchen, wenn du Hilfe benötigst. Du brauchst eine Standleitung zu deiner Höheren Kraft. Es ist keine Notrufnummer, die du nur in dringenden Fällen wählen solltest, sondern eine immer offene, kostenlose Hotline.

Zunächst brauchst du Kontakt zu dem verletzlichsten Anteil deines Selbst, zum Inneren Kind. Hier ist eine Meditation, die ein Schlüssel für die Heilung von co-abhängigem Verhalten ist:

Das Innere Kind zu dir zurückholen

Mache es dir bequem, schließe die Augen, und bitte dein Inneres Kind zu dir. Vielleicht hast du schon einen guten Kontakt zu diesem Kind, vielleicht wäre es aber auch jetzt wichtig, das immer wieder zu üben.

Lasse vor deinem inneren Auge eine Situation entstehen, in der du co-abhängig und unfrei reagierst, erlaube, dass sie einfach erscheint, auch wenn du vielleicht etwas ganz anderes im Sinn hattest. Stelle dir bitte die Situation vor, in der du mehr Klarheit über das brauchst, was dein Inneres Kind empfindet. Frage es, wie es sich in Bezug auf diese

Person, die Beziehung oder die Arbeitsstelle fühlt. Schaue bitte auch, ob es sich an jemanden klammert, ob es in deinem Partner oder gar Chef vielleicht den Vater oder die Mutter sucht. Möglicherweise kannst du erkennen, dass du selbst zwar gern loslassen und weitergehen oder innerlich distanzierter sein würdest, aber dein Inneres Kind vor deinem Gegenüber steht und ihn (oder sie) mit großen Augen anschaut, als könne er (oder sie) es heilen und für immer glücklich machen. Wir wissen, dass das nicht funktioniert, aber das Innere Kind weiß es nicht. So schaue bitte ganz genau, ob sich dein Inneres Kind einen Erlöser auserkoren hat, ob es sich an dem anderen festhält, und frage es, was es braucht und was es sich vom anderen erhofft. Selbst wenn es sich um eine Arbeitsstelle handelt, kann es sein, dass sich das Kind an jemanden geheftet hat und du nun nicht mehr in der Lage bist, frei zu entscheiden, wie du handeln möchtest. Vielleicht hat es sich gar an jemanden geklammert, an den du bislang gar nicht gedacht hast. Oder hat es Angst vor jemandem? Erinnert dich ein Kollege an deinen strafenden Vater, an deine dich verachtende Mutter? Wenn wir spüren und wissen, dass wir emotional verhaftet sind, ist es oft das Innere Kind, das sich Heilung und Erlösung vom anderen erhofft oder sich vor Strafe, Beschämung und Verachtung fürchtet. Schaue dir also an, wo dein Inneres Kind steht, und dann schaue ganz kritisch und klar, ob es bekommt, was es braucht, ob der andere etwas zu geben hat und ob er es überhaupt geben will. Oder, wenn sich das Kind fürchtet, ob es tatsächlich angemessen ist, ob der andere wirklich so viel Macht über dich hat. Meist sind es alte Wunden und alte Erinnerungen. Und dann hole dein Kind in deine Obhut zurück.

Gerade wenn dein Inneres Kind Angst hat, gehe bitte zu ihm, siehe, wie es zitternd oder starr vor dem anderen steht und nur auf die Strafe oder Beschämung wartet – nimm es in den Arm, sage ihm, dass es zu dir und nur zu dir gehört, dass du auf es aufpasst und dass du es beschützen kannst. Wenn dich der andere wirklich verletzen will, dann sag ihm aus dem Erwachsenen-Ich heraus, dass du das nicht mehr erlaubst und dass du ihm jede Macht über dich entziehst. Nimm das Kind bitte unbedingt zu dir, die oder der Erwachsene in dir kann es sehr wohl schützen und hat auch keine Angst.

Das Kind gehört in deine Obhut, es braucht nie wieder vor Angst zitternd vor jemandem zu stehen, es braucht sich nie wieder von der Gnade eines anderen abhängig zu machen, denn es hat nun dich. Selbst wenn der andere deinem Inneren Kind geben kann und will, was es braucht, ist es dennoch an der Zeit, das Kind zu dir zurückzuholen, sonst bleibst du abhängig, suchend, fragend und bist nie ganz frei. So gehe in deinem inneren Bild zu deinem Inneren Kind, nimm es in den Arm, und sage ihm Folgendes, so oder in deinen eigenen Worten:

»Das ist nicht dein Vater (oder deine Mutter), mein Schatz, aber ich bin jetzt für dich da. Du darfst diesen Menschen so sehr lieben, wie du willst, aber ich bin derjenige (oder diejenige), der (oder die) für dich sorgt. Du gehörst zu mir, und ich bin für dich da. Du darfst mit den anderen spielen, du darfst dich zeigen und Zeit mit ihnen verbringen, du darfst ihnen, wenn du willst, deine ganze Liebe schenken, aber ich bin für dich da, du gehörst zu mir, und ich sorge für dich.«

Es kann sein, dass dein Inneres Kind nur ungern mit dir geht. Sage ihm bitte immer wieder, solange es eben nötig ist, dass der andere, dein Gegenüber, nicht sein Vater oder seine Mutter ist, dass es da nicht bekommt, was es wirklich braucht, selbst wenn der (oder die) andere noch so liebevoll mit ihm umgeht. Wenn es dir noch nicht vertraut, dann beginn bewusst, eine Beziehung zu ihm herzustellen, indem du dir wirklich Zeit nimmst, ihm zuzuhören und, das ist das Wichtigste, dich an das hältst, was es dir sagt.

In deiner Zeit öffnest du bitte wieder die Augen. Es ist sehr hilfreich, dir gleich aufzuschreiben, was du erlebt und verstanden hast, damit du es nicht wieder vergisst.

Dir ist sicher klar, dass es nun darum geht, jeden Tag (aber dennoch immer nur für das jeweilige Heute), bewusst zu beten, eine Meditation zu machen, innezuhalten und deine Verbindung zu deiner Höheren Macht zu nutzen. Dies wird dein Leben nachhaltig verändern, denn du hast nun eine vollkommen neue Kraftquelle für dich erschlossen. Es ist wirklich sehr wichtig, dass du sie nutzt und dich von nun an innerlich leiten lässt. Es ist gar nicht so kompliziert, wie es sich vielleicht darstellen mag. Wir alle sind spirituelle Wesen, und es ist ein völlig natürlicher Zustand, in Kontakt mit unserer inneren Führung und unserer Seelenenergie zu sein, wir haben es nur vergessen. (Die Art, auf die du deine innere Wahrheit wahrnimmst, unterscheidet sich also nicht von dem, was du schon kennst: diese klare innere Stimme, dieses deutliche Gefühl für Richtig und Falsch.) Nun öffnen wir den Kanal ein wenig weiter und ändern unseren Fokus: Haben wir dieses »Bauchgefühl« früher zwar auch schon erlebt, es aber lediglich als eine von vielen Informationen anerkannt (neben dem, was uns die Stimmen der Angst, der scheinbaren Vernunft und so weiter eingeredet haben), so verlassen wir uns nun auf das »Bauchgefühl« und machen es zum Leitfaden unseres Handelns. Wir hören nicht mehr nur ab und zu mal auf die Stimme unseres Herzens, nicht mehr nur dann, wenn sie uns nicht in Schwierigkeiten bringt, sondern wir fragen ganz bewusst, was unsere innere Führung von uns will, und wir entscheiden, das und NUR das zu tun – egal wie es sich anfühlt! Damit geben wir die Verantwortung für unser Leben in die Hände unserer inneren Führung, wir erlauben, dass unser freier Wille sich dem Willen des großen Ganzen unterstellt und ihm dient. Warum sage ich »egal wie es sich anfühlt«? Weil unser aufgeregter, unter Schock stehender und verängstigter Emotionalkörper sicher nicht jubelnd zustimmt, wenn uns die klare innere Stimme des Herzens zu mehr Offenheit, Wahrhaftigkeit und Kompromisslosigkeit auffordert. Es ist für unser verletztes Inneres Kind eine Zumutung, sich deutlich zu zeigen, mit allen Grenzen, mit unserem Nein und unserem Ja. Deshalb gehört es zunächst in unsere Obhut, damit wir es beschützen können.

Was bedeutet es konkret, wirklich der inneren Stimme und, wenn wir es einmal ein bisschen dramatischer ausdrücken, dem Willen Gottes zu folgen? (Bitte lasse dich nicht von dem Wort »Gott« beeindrucken, ich meine damit wirklich jede spirituelle hohe Lichtkraft, die für dich funktioniert!)

Dazu musst du Folgendes wissen: Deine Höhere Macht ist an deinem Glück, an deinem Wohlergehen und an deiner Lichtkraft interessiert. Du darfst ihr vertrauen, denn du bist ein Lichtkind Gottes, das auf die Erde gekommen ist, um die Liebe und Freude der Schöpfung zu feiern. Deine Höhere Macht wird dich nur aus jenen Situationen herausführen, in denen deine Lebensfreude und deine Leichtigkeit nicht fließen können. Sie wird dich zu sehr viel mehr Selbstausdruck, Klarheit und Liebe führen. Deine Höhere Macht fordert nichts, was du nicht sowieso geben willst, sie wird dir genau das geben, was dir entspricht. Deine Herzenswünsche, deine tiefsten Sehnsüchte sind genau das, was du auf der Erde verwirklichen willst und auch sollst. Deine Herzenswünsche sind die Perlen, die deine Seele auf die Erde streut, die Samen, aus denen genau jene Pflanzen wachsen, die durch dich auf die Erde kommen wollen. Bitte fürchte dich nicht vor der Stimme deiner Seele, sie wird dich in dein persönliches Paradies führen, sie wird dafür sorgen, dass du an die Orte und in jene Energiefelder gelangst, die dich wahrhaft erfüllen und dir die Gelegenheit geben, dein wahres Potenzial zu entfalten.

Verstehst du, es gibt keinen besseren Fürsprecher für deine wahren Wünsche und Bedürfnisse als deine Höhere Macht, denn sie will sich ja durch dich ausdrücken und sich durch dich erfüllen.

Das Leben will sich in dich ergießen, auf die Erde strömen und Früchte tragen, und das geht immer besser, je mehr du deinen gesunden, vitalen Impulsen zu folgen lernst. So setze dich jeden Tag für ein paar Minuten hin, und praktiziere eine dir angenehme und geläufige Meditationsart – oder lern eine kennen. Es gibt unzählige Möglichkeiten, mit deiner Schöpferkraft in Verbindung zu treten, sei es über stille oder geführte Meditationen, Yoga, das Atmen, beim Spazierengehen oder was immer dir dienlich erscheint. Meditieren ist anders als Beten: Beim Beten redest du und bringst deine Bitten an, zumindest bei der herkömmlichen Weise des Betens. Beim Meditieren erlaubst du dir, zuzuhören und zu erkennen, was die Höhere Macht von dir will, nicht, was du gern von ihr hättest.

Wie sieht das nun ganz konkret aus? Du nimmst dir eine Zeit am Tag (es kann natürlich auch immer eine unterschiedliche Zeit sein) und setzt dich still hin oder gehst ein wenig spazieren. Du nimmst auf deine Weise Kontakt zu deiner Höheren Macht auf und fragst sie, was sie heute von dir will, wie du mit deinem co-abhängigen Verhalten umgehen sollst und so weiter. Hast du heute zum Beispiel ein Treffen mit deinem Chef und weißt jetzt schon, dass du nicht gut bei dir bleiben kannst, wenn er vor dir steht, dann schickst du erstens dein Inneres Kind zum Spielen, und zweitens bittest du um Kraft und um Informationen darüber, wie du am besten mit der Situation umgehen kannst. Und dann hör zu, und öffne dich auch für außergewöhnliche Lösungen. Sicher schlägt dir deine Höhere Macht etwas vor, was dir ungewohnt vorkommt und dich aus deinem vertrauten Verhaltensmuster herausreißt. Wenn du, wie das oft geschieht, keine Informationen bekommst, weil du einfach »nichts hörst«, dann bitte darum, dass du geführt wirst, bekräftige noch einmal deine Bereitschaft, aus dem co-abhängigen Verhalten auszusteigen, und lass los. Du wirst sehen, die Dinge werden sich ändern, sei es deine Einstellung, seien es von außen kommende Veränderungen. Selbst wenn sie zu Beginn schlimmer zu werden scheinen (das kann, muss aber natürlich nicht passieren), so gehört das zur Führung – möglicherweise damit du endlich aufwachst und Nein sagst!

Diese Verbindung stellst du her, sooft es nötig ist. Wenn du in einer verfahrenen Situation steckst, kann das alle fünf Minuten nötig sein. Impulse können in jeder Form auftreten, sei es als Idee, als äußerer Hinweis, als Situation, als etwas, was du auf einmal liest. Besonders aber zeigen sich Impulse durch dieses drängende innere Gefühl, dieses »Ich weiß, ich sollte ...« Nun, dann mach es. Das klingt einfach, und das ist es auch. Du hältst dich nicht mehr mit Ausreden auf, in Ordnung? Du hast schon verstanden, dass es um deine Handlungen geht, nicht um deine Gefühle, auch nicht um deine Gedanken. Denke und fühle, was du willst. Deine Taten sind es, die deinen Weg bereiten. Das stimmt natürlich nicht ganz, aber dich nur innerlich auszurichten, ohne dein Handeln zu verändern, bringt dir gar nichts. Bei einer stofflichen Sucht ist das offensichtlich: Solange du trinkst, hast du ein Problem, egal was du denkst und fühlst. Hörst du dagegen mit dem Trinken auf, auch wenn du dich immer noch sehr süchtig fühlst und vor Suchtdruck fast umkommst, dann hast du eine Chance auf Genesung. So ist das hier auch. Bist du zwar noch im alten, ängstlichen und co-abhängigen Denken gefangen, handelst aber nicht danach, sondern tust so, als wärst du frei und selbstbestimmt, dann wird sich deine Energie sehr rasch verändern. Dein Gehirn verlernt die alten Impulse und Gedankenschleifen, denn du willst ja frei werden. Deine bewusst gesetzte Absicht ist deine stärkste Kraft. Paarst du nun deine Absicht mit deinen Handlungen, setzt du eine ungeheure Heilkraft frei, egal wie du dich dabei fühlst und was du denkst.

Wenn ich den elften Schritt gehe, höre ich innerlich oft den Satz: »Bitte um Hilfe, und öffne dich dafür, nicht alles allein machen zu müssen.« Die Unterstützung kann sehr konkret und direkt, aber auch auf geistiger Ebene erfolgen, manchmal denken wir einfach zu verquer und zu eng. Es geht in diesem Schritt um Öffnung für alle Möglichkeiten. Du wirst bereit, dich führen zu lassen, in der klaren Absicht, gut für dich zu sorgen und in deinem Kraftstrahl stehen zu bleiben. Du kannst nicht wissen, wie du für den anderen und für dich selbst gleichzeitig und in angemessenem Maße sorgen kannst, denn das hast du nie gelernt. Wenn du für andere sorgst, dann verlässt du deinen eigenen Kraftstrom und bist plötzlich nur noch für den anderen da, kennst keine Grenzen mehr und spürst dich selbst nicht. In diesem Schritt lernst du nun, flexibel und frei mit der Situation umzugehen, so wie es gerade angemessen ist. Du lernst, dem Fluss zu folgen und alle Ressourcen zu nutzen, nicht das alte, langweilige und ermüdende Programm durchzuziehen. Um dem Fluss zu folgen, musst du dich ihm anvertrauen. »Einfach so«, fragst du vielleicht, »auch wenn ich nicht weiß, wohin er mich trägt?« Aber das weißt du doch. Du weißt, er trägt dich zu Selbstbestimmung, Freiheit und erfüllenden Beziehungen. Du weißt nur nicht, welche Biegungen und Windungen auf dich warten. Wenn du aber das Ziel kennst und weißt, dass der Fluss gar nicht anders kann, als dich zu erfüllenden und glücklich machenden Beziehungen zu führen, dann ist es leicht, dich ihm anzuvertrauen. Zunächst allerdings führt er dich aus den alten Beziehungen heraus, und das kann eine stürmische Zeit sein, denn deine Höhere Macht hat, wie es ihre Aufgabe ist, ein untrügliches Gespür dafür, was dir guttut und was dir schadet. Es kann also sein, dass du nun viel deutlicher als sonst dieses ungute Gefühl wahrnimmst, das dich warnen will. Im Unterschied zu früher aber hörst du, wenn du diese Schritte gehst, ab sofort darauf, sagst deiner Höheren Macht Danke und verhandelst nicht.

Das Wichtigste an diesem Schritt ist, dass du durch die Meditation, das Gebet oder die Zeit der inneren Einkehr die Verbindung zu dir selbst stärkst. Zu meditieren und in deinem eigenen Kraftstrahl zu stehen, macht dich unabhängig und frei, das rasende, süchtige Ziehen in dir hört auf Dauer auf, und du kannst klar denken, selbst wenn du dich einsam und verlassen fühlst. Du fühlst es einfach und kannst dich selbst damit annehmen, du bleibst bei dir, auch wenn es dir im Moment nicht gut geht, und du »greifst« nicht zu einer co-abhängigen Beziehung, um dich und deine Gefühle zu betäuben. Die Schuldgefühle werden weniger, und du kannst unterscheiden, was dir guttut und wo du einfach die Energie des anderen brauchst. Du lernst durch Meditationen, mit dir selbst in Kontakt zu sein, mit allem, was in dir lebt, aber natürlich auch mit dem, was du vielleicht lieber nicht so gern spüren würdest. Dir ist klar, dass das ein langer Weg ist, aber sicher erfährst du sehr rasch Erleichterung und dieses gute Gefühl, auf dem – für dich und nur für dich – richtigen Weg zu sein.

Es kann dir zunächst merkwürdig vorkommen, auf dein Herz und deine innere Stimme zu hören, und sicherlich werden eine Menge Ängste laut. Verwechsle die Stimme der Angst aber nicht mit der Stimme des gesunden Verstandes. Dein Verstand ist meist weitaus klarer und freier, als du glaubst. Es ist die Angst, die versucht, dich eng und klein zu halten. Du brauchst dich also nicht zwischen deinem Kopf und deinem Herzen zu entscheiden, so unterschiedlich hören sich die beiden auch meistens gar nicht an. Du darfst aber lernen, die Stimme der Angst, die sich sehr oft als die Stimme der Vernunft tarnt, zu entlarven. Segne und respektiere sie, denn sie will dich auf ihre verdrehte Weise auch nur beschützen, aber handle nicht nach ihr.

Es ist sehr hilfreich, dir die Situation, in der du anders handeln willst, immer wieder vorzustellen und sie zunächst innerlich klar und eindeutig zu durchleben. Wenn du magst, dann probiere die Übung des leeren Stuhls aus:

Nimm zwei Stühle, und stelle sie einander gegenüber. Stelle dir vor, dass auf dem einen Stuhl die Person sitzt, von der du dich abgrenzen willst oder der du sagen möchtest, dass du wütend bist oder was auch immer eben gesagt werden muss – oder wie sehr du sie liebst. (Wundert dich das? Es ist auch co-abhängig, wenn du deine Liebe aus Angst vor der Reaktion des anderen nicht zeigst, wieder stellst du die Beziehung zum anderen über die zu dir selbst, du sagst deine Wahrheit nicht, weil du Angst hast, verletzt zu werden. Co-Abhängigkeit ist ein Geflecht aus den verschiedensten Strömungen, die alle eine Grundlage haben: Du verleugnest deine eigenen Gefühle, um die Beziehung zum anderen nicht zu gefährden.) Auf den anderen Stuhl setzt du dich. Wie fühlst du dich dort? Wie atmest du? Wie ist deine Körperhaltung? Erlaube dir ganz bewusst, dich selbst wahrzunehmen, während dir der andere zwar nur in deiner Vorstellung, aber bereits bedrohlich genug gegenübersitzt. Und dann bitte innerlich um Hilfe, bitte deine Höhere Macht darum, dich zu führen, und sage, was zu sagen ist. Das kann eine sehr anstrengende und beängstigende Übung sein, denn vielleicht sagst du zum ersten Mal, was du wirklich fühlst. Denn das ist deine Wahrheit, das, was du wirklich fühlst und denkst, egal wie wenig angemessen, unerleuchtet oder kindisch es dir auch vorkommen mag. Vielleicht ist es wirklich unangemessen, unerleuchtet und kindisch, aber du musst dich nun mal da abholen, wo du stehst. Wenn du deine Gefühle erst gar nicht gelten lässt, dann können sie keinen heilsamen Reifungsprozess durchlaufen. Wahrscheinlich macht dir deine Wahrheit eine solche Angst, dass du sie dir bislang selbst nicht eingestanden hast. Rede immer weiter, erzähl dem anderen alles, was du ihm schon lange sagen willst. Auf diese Weise kommst du Stück für Stück zum Kern deiner Gefühle und damit zu dir selbst. Egal wie der andere tatsächlich reagiert, du hast dich selbst wiedergefunden, und damit bist du deiner inneren Freiheit ein großes Stück nähergekommen.

Eine typisch co-abhängige Situation kann zum Beispiel so aussehen: Du kümmerst dich um eine Angelegenheit, die dich nicht betrifft, bei der du aber deine Unterstützung zugesagt hast, und es ist auch völlig in Ordnung so. (Natürlich sind wir gern für andere da.) Während du dich nun kümmerst, zum Beispiel bei einem Umzug hilfst, eine Versicherungssache regelst oder etwas für den anderen besorgst, spürst du, dass die Aufgabe schwieriger wird, als ihr beide es erwartet habt. Du bekommst nicht, was der andere von dir besorgt haben wollte, die Versicherung stellt sich quer, der Umzug ist aufwändiger als gedacht. So weit, so gut. Solange derjenige, um dessen Angelegenheit du dich kümmerst, die Verantwortung für seine Gefühle und für alles, was geschieht, trägt, ist alles gut. Was aber, wenn er plötzlich überfordert ist, wenn ihm die Sache über den Kopf wächst oder er sehr enttäuscht ist, weil du das, was er braucht, nicht gefunden hast?

Jetzt beginnt deine Co-Abhängigkeit, zu wirken: Statt neutral zu bleiben und zu schauen, wie er das Problem löst, statt die Verantwortung bei ihm zu lassen und zwar für ihn da zu sein, aber nicht die Last auf dich zu nehmen, beginnst du, die gesamte Verantwortung zu tragen – besonders die für seine Reaktionen. Natürlich ist diese Last viel zu schwer für dich, weil du diese Reaktionen nicht ändern kannst! Kennst du dieses ohnmächtige Gefühl, in der Stadt herumzurennen (oder im Baumarkt oder wo auch immer) und verzweifelt nach dem zu suchen, was der andere braucht, weil du weißt, er wird sonst ungehalten? Geht's eigentlich noch? Was würde deine Höhere Macht dazu sagen?

Gib dem anderen die Verantwortung zurück, tue dein Bestes, aber leiste nicht die ganze energetische Fürsorge. Es ist die Energie des anderen, die diese Ereignisse bewirkt und anzieht, nicht deine. Und deshalb kannst du energetisch auch nicht verantwortlich sein. Wenn du etwas für den anderen tun willst, dann öffne dein Herz, und schicke ihm Mitgefühl, aber sorge nicht über Gebühr für sein überfordertes Inneres Kind, das muss er selbst tun. Atme ins Herz, und schicke ihm deine Liebe und dein Mitgefühl – und das war's!

Außer ... außer du wusstest von Anfang an, dass er mit dieser Angelegenheit überfordert sein würde, und auch diese emotionale Fürsorge gehört zum Dienst. Dann handelst du nicht co-abhängig, wenn du dich auch energetisch um ihn kümmerst, denn das gehört ja zu der Aufgabe, die du übernommen hast. Du fühlst dich dann aber auch nicht überfordert und schlecht, und das ist der Unterschied. Co-Abhängigkeit ist Fürsorge für den anderen gegen deinen eigenen Willen. Und nur diese unterlässt du nun.

Natürlich braucht es dazu Menschen, mit denen du diese Art von aufrichtiger und achtsamer Beziehung führen kannst. Jemand, der es darauf anlegt, dich auszunutzen oder dich abhängig zu machen, kann zwar ein sehr guter Lehrer sein – immerhin bist du genau durch eine solche Beziehung überhaupt auf dein Thema gestoßen –, aber so jemand ist meist ein schlechter Begleiter, wenn deine Heilung fortschreitet. Gehe dahin, wo du auch dann unterstützt wirst, wenn du in co-abhängige Verhaltensweisen zurückfällst. Du brauchst nicht alles allein zu machen. Es gibt Freunde, die dich daran erinnern, dass nicht automatisch du zuständig sein brauchst, wenn etwas fehlt. Es gibt Menschen, die ein Interesse daran haben, dass du fest und stabil in deiner Kraft bleibst und die dich schon aus Achtsamkeit sich selbst gegenüber nicht ausnutzen, sogar dann nicht, wenn du dich anbietest.

Du darfst dich in deiner Genesung unterstützen lassen.

Mich kann man, wenn man es drauf anlegt, immer noch nach Strich und Faden ausnutzen. Mache mir Schuldgefühle, und ich tue, was immer du willst. Aber weil ich das weiß, verschwinde ich sofort aus den Beziehungen, bei denen ich diesen besonderen Druck spüre, ich lasse es erst gar nicht so weit kommen. Ich gehe zu Menschen, die mich liebevoll daran erinnern, dass ich nicht alles allein machen brauche, ich lasse mir gerade dann helfen, wenn ich in meine Co-Abhängigkeit zurückfalle. Das da draußen ist keine feindliche Welt, die dich nur ausnutzen will. Wenn du es so empfindest, dann bist du mit Menschen zusammen, die dir nicht mehr guttun, und dann verlasse diese Beziehungen, zumindest aber den Raum, wenn diese Energien wirksam werden. Du kannst sie dir um deines Seelenfriedens Willen nicht leisten.

In diesem Schritt also übernimmst du die Verantwortung für deine Beziehung zu dir selbst und zu deiner Höheren Macht – sie ist letztlich die Stimme deiner eigenen Seele. Du übernimmst deine spirituelle Verantwortung und setzt die Beziehung mit dir selbst und deiner Höheren Führung an die erste Stelle. Noch einmal, nur, weil ich ja weiß, wie viel Angst du hast, nun egoistisch zu werden:

Wir setzen deshalb die Beziehung zu uns selbst an erste Stelle, weil wir für uns selbst verantwortlich sind. Tun wir das nicht, dann schieben wir die Verantwortung für uns weg und muten sie anderen zu.

Du kannst schlichtweg deiner inneren Stimme nicht folgen, weil du gar nicht zuhörst. Und weil du endlich eine Beziehung zu dir selbst hast, dich selbst wahrnimmst, eine innere Anbindung erlebst und deine seelische Heimat fühlst, kannst du die Beziehungen zu anderen genau das sein lassen, was sie in jeweiligen Moment sein wollen. Damit dienst du deiner Klarheit und der Klarheit des anderen, du erlaubst dem göttlichen Plan, durch dich zu wirken und fügst ihm nichts mehr hinzu. DAS ist der wahre Dienst, den du auf Erden leisten darfst, und deshalb fühlt er sich auch so gut an. Tiefer innerer Frieden ist deine Belohnung, wenn du die Beziehung zu dir selbst und deiner geistigen Führung, wenn du den Dienst an Gott an die erste Stelle setzt.

Schritt 12

Gib deine Erkenntnisse achtsam und voller Liebe an die weiter, die sie haben wollen.

Wenn wir in unserem eigenen Kraftstrahl angekommen sind, beginnen wir, andere sehr achtsam an ihren Seelenstrahl und ihr Kraftfeld zu erinnern – so, wie unsere innere Stimme und Höhere Kraft uns führt. Außerdem bitten wir andere darum, uns an unseren eigenen Kraftstrahl zu erinnern, wenn wir ihn wider besseres Wissen verlassen.

Warum sollten wir das tun, sind wir damit nicht schon wieder co-abhängig? Nein. Für andere da zu sein, wenn wir den höheren Auftrag dazu spüren, und unserem Herzen zu folgen, ist unser Dienst auf der Erde. Wozu dient dieses Werkzeug, wie hilft es uns bei unserer Genesung von unserer eigenen Co-Abhängigkeit? Sollten wir uns nicht fernhalten und es tunlichst vermeiden, uns bei anderen einzumischen? Genau aus diesem Grund ist das Weitergeben unser letztes Werkzeug, denn erst jetzt können wir sicher sein, dass wir es aus Liebe und echter Fürsorge tun, nicht aus Co-Abhängigkeit und um von unserem eigenen Schmerz abzulenken.

Antoine de Saint-Exupéry sagte einst sinngemäß, dass wir uns wahrscheinlich allein durch das gegenseitige Erinnern an den Traum, der uns inspiriert, befreien könnten. Wenn du andere an ihre schöpferische Freiheit erinnerst, dann leistest du ihnen vielleicht genau den Dienst, den sie brauchen, um ihren Weg weiter gehen zu können. Wie aber unterscheidest du, ob du dich einmischst und co-abhängig bist oder dem anderen einen wahren höheren Dienst erweist? Nun, da gibt es einen wundervollen Trick: Du fragst ihn einfach! Wenn du nicht weißt, ob der andere etwas von dir braucht oder ob er möchte, dass du deine Ansichten und Empfindungen kundtust, dann überlässt du ihm die Verantwortung für das, was er von dir haben will und was nicht. Wenn er dich nun zurückweist, dann respektierst du seine Grenze, kümmerst dich um dein Inneres Kind, das sich wahrscheinlich verletzt fühlt (das darf es auch, für das Innere Kind ist jedes Nein schwierig, aber das macht nichts, es hat ja dich!), und bleibst bei dir.

Wenn du selbst dich klar und deutlich zeigst, zu deiner Wahrheit stehst und tust, was sich für dich gesund anfühlt, dann erinnerst du andere ganz automatisch daran, dass sie das auch können. Die innere Freiheit und die eigene seelische Schöpferkraft zu nutzen, entspricht den geistigen Gesetzen, und deshalb beginnt bei denen, die mit dir in Kontakt sind, etwas zu klingeln. Es ist in uns angelegt, in unserem Seelenstrahl zu stehen und unser Licht zur Erde zu bringen, diese Eigenschaft ist stabil in uns verankert, denn deshalb sind wir hier. Stelle dir immer wieder die Goldene Acht vor, wenn du spürst, dass andere dich in ihren Bann ziehen oder dass du versuchst, es anderen recht zu machen.

Andere an ihren Seelenstrahl zu erinnern, bedeutet vor allem, ihnen wirklich die Freiheit zu geben, dir gegenüber Nein zu sagen. Denn es ist zwar wundervoll, wenn du selbst gut für dich sorgen kannst, aber wie gehst du damit um, wenn das auch andere tun?

In diesem Genesungsschritt musst du zeigen, was du gelernt hast, indem du die Freiheit, die du dir selbst nun nehmen kannst, auch anderen gewährst. Du wirst sicher oft spüren, wie gern du die Kontrolle übernehmen würdest, wie gern du andere dahin drücken willst, wo du sie gern haben möchtest – natürlich zu deren eigenem Besten. Halte es aus, das zu unterlassen. Nimm nur noch das an, was ganz und gar freiwillig zu dir gehört, halte nichts mehr fest, lass alle Menschen und Gelegenheiten ziehen, die du energetisch an dich gebunden hast. Was zu dir gehört, bleibt sowieso. Das ist äußerst beängstigend, denn du weißt eben nicht, was zu dir gehört, aber es ist besonders in Beziehungen notwendig.

Du löst die alten Verträge, entsorgst das Wohlfühlkissen, das mit euer beider Selbstbestimmung gefüttert ist.

Du gibst genau da Raum, wo du am liebsten kontrollieren würdest, und hältst es aus, wenn die Angst kommt. Du stellst dich immer wieder bewusst in deinen Seelenstrahl und fragst den anderen »Was willst du wirklich?«, wenn du spürst, dass er beginnt, es dir recht zu machen. Stell bitte jede Gewohnheit eurer Beziehung oder Freundschaft infrage, gib sie immer wieder dem Schwert der Klarheit preis. Durchschreite immer wieder die Brücke in das neue Leben hinein, und schau, ob der andere mitkommt. Die Grundlagen jeder heiligen Beziehung sind Klarheit, Freiheit und Selbstbestimmung, denn das sind die Voraussetzungen für Liebe. Natürlich gehen wir Kompromisse ein. Und wir können sie umso lieber eingehen, je freiwilliger sie geschehen. Aber wir brauchen die Möglichkeit, zu jeder Zeit »Stopp« zu sagen und neue Wege zu finden. Wenn wir dem Leben erlauben wollen, durch unsere Freundschaften, Familienangelegenheiten und Liebesbeziehungen zu wirken, dann brauchen wir Standfestigkeit und das sichere Wissen, dass wir in uns selbst verankert sind.

Selbstverständlich brauchen wir den anderen, wir haben gemeinsame Aufgaben zu erfüllen, und wir haben einen gemeinsamen heiligen Raum aufgebaut. Aber wir brauchen ihn, weil wir gemeinsame spirituelle Aufträge haben und ihn lieben, nicht, um zu überleben.

Manchmal musst du, um deinen Weg zu gehen, andere für eine Weile allein lassen, obwohl sie dir sehr am Herzen liegen. Schicke dann einen Engel an deinen Platz, damit du keine Leere hinterlässt. Das Wissen darum, dass dein Platz von einem Engel gehalten wird, dass die goldene Wärme und die Liebe eines Engels statt deiner an diesem Platz weiterwirken, macht es dir leichter, deinen Weg zu gehen. Wann immer du anderen etwas geben willst, aber nicht selbst für sie da sein kannst, bitte die Engel darum, das zu tun, was du selbst nicht tun kannst. Zünde eine Kerze an, schicke ihnen deinen Segen und deine Liebe. Du kannst auch sehr viel für andere tun, ohne anwesend zu sein. (Wir alle sind multidimensionale Wesen, wir können uns um andere und uns selbst gleichzeitig kümmern, wenn wir das wollen. Auch einen Engel schicken wir nur dann, wenn wir den inneren Auftrag in Form von Wärme, Mitgefühl oder Liebe spüren.) Bitte jemanden darum, dass er, wenn er geht, auch einen Engel an seinen Platz stellt, damit der Platz sich nicht so leer anfühlt. Dann kannst du ihn viel leichter gehen lassen. Auch wenn du nur abends ausgehst, während deine Kinder schlafen, kannst du einen Engel an deinen Platz stellen.

Spätestens jetzt erkennst du den Unterschied zwischen egoistischer Selbstbezogenheit und verantwortungsvoller Selbstbestimmung. Du folgst selbstverständlich deinem inneren Ruf, deiner inneren Stimme – und sorgst gleichzeitig auf die Weise, die dir zur Verfügung steht, für diejenigen, die dir am Herzen liegen. Im Gegensatz zur Co-Abhängigkeit handelst du nicht »entweder … oder«, sondern deine Fürsorge gilt »sowohl … als auch«. Du trägst die Verantwortung für dich und für alles, was dir am Herzen liegt, du folgst deiner inneren Führung und stehst in deiner Klarheit und Wahrheit. Damit kannst du auch andere in ihrem Strahl stehen lassen, denn deine Kraft und Stabilität kommen aus der Erde und aus deiner Seele, nicht aus der Beziehung mit dem anderen.

Und doch kommt es sicher immer wieder zu Situationen, in denen du den alten Energiesog spürst, in denen du dich nicht abgrenzen kannst oder gar für eine kurze Zeit erlaubst oder dich genötigt fühlst, deine wahren Grenzen zu überschreiten. Das fühlt sich wirklich nicht gut an, weil es dich immer wieder an die Zeiten erinnert, in denen du keine Möglichkeit hattest, gut für dich zu sorgen – aber das ist heute anders. Selbst wenn du dich überforderst und eine Weile für jemanden mitsorgst, obwohl du es nicht willst, sei es energetisch oder auch finanziell, so kannst du dich heute klar ausdrücken, du kannst es mitteilen und darauf bestehen, dass der andere auf Dauer eine andere Lösung für sich findet. Der Unterschied zu früher ist: Du tust es nicht mehr, um geliebt zu werden, sondern als zeitlich begrenzten Dienst am anderen. Es erinnert dich an deine co-abhängigen und ohnmächtigen Zeiten, und alle inneren Alarmglocken beginnen, zu schrillen. Es gibt sicher eine Menge Situationen, die für dich suchtauslösend sind, denen du dich nicht nähern darfst.

Für mich ist so eine wirklich gefährliche Situation folgende: Ich gebe ein Seminar, einen Workshop, halte eine hohe Energiefrequenz, gebe wirklich alles, was ich zu geben habe, und bin total präsent, so, wie das an jenem Tag möglich ist. Das kann ich genau so lange machen, wie das Seminar dauert, denn für diese Zeit bin ich getragen und gehalten. Danach bin ich es nicht mehr. Wenn dann jemand kommt und noch mal schnell eine persönliche Frage hat, die meist sehr umfassend ist und von mir erfordert, dass ich mich voll auf sein Energiefeld einlasse, hineinspüre und in zwei Minuten eine Komplettanalyse mache, dann bricht mein System zusammen. Ich bin während des Seminars völlig offen, weil ich die Energien sonst nicht spüre, und ich kann mich nicht in einer Minute so sehr zusammenziehen, dass ich mich selbst wieder genug schützen kann. Ich bin also nach einem Seminar für etwa 20 Minuten noch relativ ungeschützt, und genau in dieser Zeit passiert es mir oft, dass ich mich vollkommen leergesaugt fühle von denen, die mir nicht einfach Danke sagen wollen, sondern noch mehr von meiner Energie brauchen oder zu brauchen glauben. Ich kann es gut verstehen, aber ich kann trotzdem nicht mehr. Und natürlich spüre ich die Bedürftigkeit und lasse mich doch drauf ein, klar, das lässt sich fast nicht vermeiden.

Also – was kannst du tun, wenn du in einer solchen Situation bist, die du sicher selbst zur Genüge kennst? Ich rufe mein Krafttier, denke immer wieder an die Goldene Acht und gebe mir selbst ein Zeitlimit. Es zieht mir trotzdem zu viel Energie raus, aber ich gerate nicht mehr in Verzweiflung, sondern akzeptiere es. Am besten wäre, ich würde die Zeit noch mit einplanen, aber das gefällt mir von der Idee her nicht, weil ich es nicht will. Ich rufe eine Art spirituellen Bodyguard und gebe das, was ich noch geben kann, ohne in diesen dramatischen Mangelzustand zu geraten, der mich zum Essen treibt. Und ich versuche, solche Situationen zu vermeiden, soweit das möglich ist, indem ich vorher sage, dass ich hinterher nicht mehr zur Verfügung stehe, sondern dass bitte alle ihre Fragen innerhalb des Seminars stellen möchten. Ich riskiere damit, nicht ganz so liebevoll und fürsorglich zu wirken, wie ich glaube, sein zu müssen, damit ich als Seminarleiterin und Autorin geliebt werde, aber genau DAS ist eben Co-Abhängigkeit.

Wenn du also in einer Situation bist, in der du, weil dein Herz es nicht will, nicht Nein sagen kannst, obwohl du energetisch und emotional ausgebrannt bist, dann bitte um Hilfe, und sei ehrlich. Tue nicht so, als sei es o.k., sondern zeige deinen Unwillen, aber auch deine Bereitschaft, trotz deines Unwillens für eine begrenzte Zeit zur Verfügung zu stehen – für eine begrenzte Zeit und nur dann, wenn du erkennst, dass dein Bemühen fruchtet und dem anderen beim Wachstum dient. Nur wenn du erkennst, dass der andere wirklich bereit ist, für sich selbst stehen zu lernen und seine Kraft und Selbstverantwortung anzunehmen, ist es für eine gewisse Zeit o.k., mehr zu geben, als du willst – aber das auch nur so lange, wie es für dich tragbar ist.

Erkenne, dass du dich in einer Grenzsituation befindest, die du dir eigentlich nicht leisten kannst, die sich aber manchmal nicht vermeiden lässt.

Gerade in einer solchen Situation darfst du bitte ganz besonders ausdrücklich auf dich achten, für Ruhephasen sorgen, es dir gut gehen lassen und alle anderen Störfaktoren, die du normalerweise noch kompensieren kannst, abstellen. Das Wichtigste aber ist absolute Ehrlichkeit dir selbst gegenüber, die du immer wieder von einem guten, aufrichtigen Freund überprüfen lassen solltest. Frag also bitte deine nicht co-abhängigen, liebevollen und mitfühlenden Freunde (nicht die verbitterten, nicht die auf einem Egotrip und schon gar nicht die mit dem Rettersyndrom), ob dein Verhalten noch in Ordnung ist, ob du noch in der richtigen Spur bist, oder ob du mit einem Fuß wieder in die Co-Abhängigkeit geraten bist. Überprüfe dich immer wieder selbst. Wir möchten voller Mitgefühl für andere da sein, und die Grenzen zur Co-Abhängigkeit sind oft fließend und nicht ganz klar erkennbar. Wenn du dich in dieser Grauzone aufhältst, was sich fast nicht vermeiden lässt, dann überprüfe deine Motive, und schaue, ob du bereit bist, dir immer wieder helfen zu lassen, also auch für dich selbst gut zu sorgen, nicht nur für den anderen.

Bestimmt kann dir in dieser Situation ein Krafttier oder ein Wächter gute Dienste leisten. Wenn du dich also sehenden Auges in eine schwierige Situation begibst, einfach weil sie zu deinem Leben gehört, dann bitte ausdrücklich um Schutz. Deine Bereitschaft, gut für dich selbst zu sorgen und nicht in süchtiges Fahrwasser zu geraten, ist maßgeblich, und du wirst spüren, wann es wirklich Zeit ist, zu gehen oder dir Hilfe zu suchen – wenn es nicht anders geht, auch gegen den Willen dessen, für den du sorgst.

Ich erwische mich immer wieder dabei, wie ich das Innere Kind der Männer nähre, mit denen ich zu tun habe. Das ist für eine kurze Zeit sogar ganz in Ordnung, aber nach einer Weile wird es zu viel. Nun kann ich natürlich kein Inneres Kind wegschicken, weil mein Herz vor Mitgefühl überfließt. Deshalb pflücke ich es sanft von mir ab und lege es der griechischen Göttin Artemis mit ihren schützenden und nährenden Aspekten (sie wird in Ephesos mit vielen Brüsten dargestellt) in den Arm – egal ob das dem Inneren Kind des anderen passt oder nicht.

Gerade die dunklen Inneren Kinder krallen sich regelrecht an dir fest, wenn du ihnen die Nahrung entziehst. Tue es bitte dennoch, GERADE dann. Lege sie an die Brust der großen Göttin, der Urmutter, oder lege sie Mutter Maria in die Arme – aber nähre sie nicht länger mit deinem Herzblut.

Es dient niemandem. Ich sage es auch demjenigen, dessen dunkles Inneres Kind sich an mir festgekrallt hat (meistens sind es die dunklen Inneren Kinder), und dann soll er damit machen, was er will. Ich will, dass es genährt ist, klar, aber nicht immer nur von mir.

Verstehst du, du brauchst nicht alles allein zu machen. Du kannst alle geistigen Kräfte rufen, auch für andere, und du kannst dich im Außen ganz konkret für Hilfe öffnen. Wenn du das tust, dann bist du für andere ein Vorbild, weil du weder einen einsamen Egotrip durchziehst, dich also, um dich selbst zu schützen, von allem abschneidest, noch in wohltätigem, dich selbst aufopferndem Verhalten untergehst. Du achtest deine gesunden Grenzen und gibst doch dem nährenden, schützenden und mitfühlenden Teil in dir, deinem Herzen, Raum und die Möglichkeit, überzufließen.

Wie du bei brenzligen Situationen im Flugzeug zuerst dir selbst die Sauerstoffmaske aufsetzt und erst dann anderen Mitreisenden hilfst (weil du sonst nach einer Minute umkippst und niemandem mehr dienlich sein kannst), so liebst du zunächst dich selbst, sorgst gut für dich und teilst diese Fülle dann mit anderen. Charlie Chaplin drückte es in seiner Rede zum 70. Geburtstag am 16. April 1959 so meisterhaft aus, dass ich dir diesen Text nicht vorenthalten möchte. Vielleicht kennst du ihn sowieso, lass seine Weisheit auf dich wirken – und gib dir die Erlaubnis, gut für dich zu sorgen. Du bist ein Teil Gottes, und indem du gut für dich selbst sorgst, sorgst du für das Licht.

Als ich mich wirklich
selbst zu lieben begann,
konnte ich erkennen,
dass emotionaler Schmerz und Leid
nur Warnung für mich sind,
gegen meine eigene Wahrheit zu leben.
Heute weiß ich, das nennt man
»AUTHENTISCH-SEIN«.

Als ich mich wirklich
selbst zu lieben begann,
habe ich verstanden,
wie sehr es jemanden beschämt,
ihm meine Wünsche aufzuzwingen,
obwohl ich wusste, dass weder die Zeit reif,
noch der Mensch dazu bereit war,
auch wenn ich selbst dieser Mensch war.
Heute weiß ich, das nennt man
»SELBSTACHTUNG«.

Als ich mich wirklich
selbst zu lieben begann,
habe ich aufgehört
mich nach einem anderen Leben zu sehnen,
und konnte sehen, dass alles um mich herum
eine Aufforderung zum Wachsen war.
Heute weiß ich, dass nennt man
»REIFE«.

*Als ich mich wirklich
selbst zu lieben begann,
habe ich verstanden,
dass ich immer und bei jeder Gelegenheit,
zur richtigen Zeit am richtigen Ort bin
und das alles, was geschieht, richtig ist
– von da konnte ich ruhig sein.
Heute weiß ich, das nennt sich
»SELBSTACHTUNG«.*

*Als ich mich wirklich
selbst zu lieben begann,
habe ich aufgehört,
mich meiner freien Zeit zu berauben
und ich habe aufgehört,
weiter grandiose Projekte
für die Zukunft zu entwerfen.
Heute mache ich nur das,
was mir Spaß und Freude bereitet,
was ich liebe
und mein Herz zum Lachen bringt,
auf meine eigene Art und Weise
und in meinem Tempo.
Heute weiß ich, das nennt man
»EHRLICHKEIT«.*

Als ich mich wirklich
selbst zu lieben begann,
habe ich mich von allem befreit
was nicht gesund für mich war,
von Speisen, Menschen, Dingen, Situationen
und von allem, das mich immer wieder hinunterzog,
weg von mir selbst.
Anfangs nannte ich das »GESUNDEN EGOISMUS«
aber heute weiß ich, das ist »SELBSTLIEBE«.

Als ich mich wirklich
selbst zu lieben begann,
habe ich aufgehört,
immer recht haben zu wollen
so habe ich mich weniger geirrt.
Heute habe ich erkannt,
das nennt man »EINFACH-SEIN«.

Als ich mich wirklich
selbst zu lieben begann,
habe ich mich geweigert,
weiter in der Vergangenheit zu leben
und mich um meine Zukunft zu sorgen,
jetzt lebe ich nur mehr in diesem Augenblick,
wo ALLES stattfindet.
So lebe ich heute jeden Tag und nenne es
»VOLLKOMMENHEIT«.

Als ich mich wirklich
selbst zu lieben begann,
da erkannte ich,
dass mich mein Denken
armselig und krank machen kann,
als ich jedoch meine Herzenskräfte anforderte,
bekam der Verstand einen wichtigen Partner,
diese Verbindung nenne ich heute
»HERZENSWEISHEIT«.

Wir brauchen uns nicht weiter
vor Auseinandersetzungen,
Konflikten und Problemen
mit uns selbst und anderen fürchten,
denn sogar Sterne knallen
manchmal aufeinander
und es entstehen neue Welten.
Heute weiß ich,
DAS IST das Leben! …

Besser kann man es einfach nicht ausdrücken. Erlauben wir der Liebe, zu fließen, indem wir alles aus unseren Leben entfernen, was nicht der Liebe entspringt.

Ich wünsche dir auf diesem Weg Licht, Kraft und Segen und freue mich, dich mit diesem Buch ein Stück begleiten zu dürfen. Möge es dazu beitragen, dass immer mehr Liebe auf diesem und allen anderen Planeten und Sonnen verwirklicht werden kann.

Anhang

Ein Buch ist mir in den letzten Monaten immer wieder in die Hände gefallen. Ich möchte es dir sehr empfehlen, wenn du in einer Beziehung lebst:

Rainer Grunert: *Leiden oder Leidenschaft. Warum in Partnerschaften das Begehren verschwindet und wie Sie es wiedergewinnen*. Köln 2008.

Vordergründig beschäftigt es sich mit der Frage, wie man in der Beziehung leidenschaftlichen Sex haben kann statt in eine zwar faire, aber asexuelle Kuschelbeziehung zu rutschen. In Wirklichkeit aber geht es um deine ureigene Kraft, deinen inneren Kern, um gesunde, kraftvolle Grenzen und darum, wie du dich selbst auch innerhalb einer Beziehung lieben und zu dir stehen kannst – als Mann und als Frau. Gerade für Männer ist es meiner Ansicht nach sehr hilfreich, weil ein Mann es geschrieben hat.

Das Wichtigste aber, was ich dir anbieten kann, sind die 12-Schritte-Gruppen, in denen du einen klaren Raum erfährst, in dem du wachsen und genesen kannst. Sie arbeiten mit genau den 12 Werkzeugen, die ich dir hier vorgestellt habe. Schau bitte bei www.coda-deutschland.de, ob es ein CoDA-Meeting in deiner Nähe gibt, wenn du das Gefühl hast, Hilfe zu brauchen. Gehe hin, höre dir an, was dort so passiert, nimm das, was dir dient, und lasse den Rest liegen. Ich gehe auch immer wieder hin, denn das Leben, wie wir es leben, ist nun mal für Co-Abhängige hochgradig Sucht auslösend. Ich wünsche dir eine gute Genesung.

Hier sind weitere Selbsthilfegruppen, die dich unterstützen können:

- Al-Anon-Familiengruppen – Selbsthilfegruppen für Angehörige und Freunde von Alkoholikern
- Anonyme Alkoholiker
- Anonyme Arbeitssüchtige
- Anonyme Sex- und Liebessüchtige
- BA – Borderliners Anonymous
- CoDA – Anonyme Co-Abhängige in Deutschland
- EKS – Erwachsene Kinder von suchtkranken Eltern und Erziehern
- Emotions Anonymous – Selbsthilfegruppen für emotionale Gesundheit

✧ NA – Narcotics Anonymous (Deutschland)

✧ OA – Overeaters Anonymus

Psychosomatische Kliniken, die dir bei Beziehungssucht oder Co-Abhängigkeit helfen können, findest du hier:

✧ http://www.hochgrat-klinik.de
und http://www.adula-klinik.de

✧ http://www.klinik-bad-herrenalb.de

✧ http://www.helios-kliniken.de/index.php?id=8721
(Bad Grönenbach)

Ebenfalls erschienen im Schirner Verlag

Susanne Hühn
Die Heilung des Inneren Kindes
Sieben Schritte zur Befreiung des Selbst

272 Seiten
ISBN 978-3-8434-1298-8

Susanne Hühn
Die Heilung des Inneren Kindes
Sich im Herzen berühren lassen

49 Karten mit Booklet
ISBN 978-3-89767-848-4

Susanne Hühn
Die Heilung des Inneren Kindes
Meditationen zur Befreiung des Selbst

ca. 147 Minuten
ISBN 978-3-8434-8115-1

Susanne Hühn
Spiritueller Schutz im Alltag
16 kleine Übungen für die Seele

96 Seiten
ISBN 978-3-8434-5003-4